Horst-Dieter Radke

Sagen und Legenden aus Hohenlohe

Impressum

Horst-Dieter Radke

Sagen und Legenden aus Hohenlohe

1. Auflage 2024

Verlagsleitung: Sven Nieder

Lektorat: Bruno Hof
Korrektorat: Tim Becker

Titelbild: iStock.com/prill
Illustration: iStock.com/VeraPetruk
Gestaltung Umschlag: Björn Pollmeyer
Innensatz: Kerstin Fiebig

Hergestellt in der Europäischen Union, Finidr, CZ

FSC www.fsc.org
MIX
Papier aus verantwortungsvollen Quellen
FSC® C014138

ISBN 978-3-95540-405-5

www.regionalia-verlag.de

Horst-Dieter Radke

Sagen & Legenden aus Hohenlohe

REGIONALIA
VERLAG

Inhalt

Vorwort

Hohenlohe sei der nordöstliche Teil von Baden-Württemberg, nämlich der Hohenlohekreis, bekommt man auf Nachfrage oft gesagt. Das ist unscharf und keinesfalls genau, denn auch der Landkreis Schwäbisch Hall hat Anteil an der Hohenloher Ebene. Wenn man die Region nicht ausschließlich innerhalb der aktuellen Bundesländergrenzen betrachtet, sondern auch die historische Entwicklung mitberücksichtigt, dann reicht das hohenlohische Gebiet über die Grenzen nach Bayern und umfasst Teile von Mittel- und Unterfranken. Hohenlohe ist fränkisch, auch sprachlich, wobei das ostfränkische Dialektgebiet sich allerdings noch weiter nördlich bis in den Süden von Thüringen und ins sächsische Vogtland erstreckt. Am besten umreißt man Hohenlohe als die Gegend um die Flüsse Jagst, Kocher und Tauber. Der heutige Hohenlohekreis, der Landkreis Schwäbisch Hall sowie der südliche Teil des Main-Tauber-Kreises sind damit erfasst. Für dieses Buch überschreite ich die Grenzen kaum, was aber ausschließlich dem zur Verfügung stehenden Umfang geschuldet ist.

Die Sagen und Legenden in diesem Buch sind sämtlich bearbeitet, weil sie in der ursprünglichen Form schwer lesbar sind. Bei einigen Texten waren nur leichte Anpassungen in Rechtschreibung und Grammatik sowie eine Korrektur des umständlichen Satzbaus nötig. Gekürzt wurden viele Texte um Weitschweifigkeiten. Manche Sagen, die in Varianten vorliegen, habe ich zusammengefasst, einige auch neu nacherzählt. Woher ich die Sagen und Legenden habe, ist bei jeder einzelnen Sage kurz angegeben. Das Quellenverzeichnis am Ende des Buches gibt genauer Auskunft. Zu jeder Sage gibt es, wie bei meinen Sagenbüchern üblich, Hintergrundinformationen. Kaum eine Sage kann heutzutage aus sich heraus verstanden werden, weshalb meiner Meinung nach der kommentarlose, unbearbeitete Nachdruck alter Texte für Leseausgaben nicht sinnvoll ist.

Ich habe mich bei allem bemüht, den ›alten‹ Duktus der Erzählungen nicht grundsätzlich zu beseitigen, weil er meines Erachtens zu diesen Sagen gehört. Manches heute unübliche Wort habe ich deshalb stehen lassen. Ich meine, dass es gut ist, sich noch an alte Bezeichnungen zu erinnern, anstatt sie zu vergessen. Da ich aber davon ausgehe, dass nicht jeder alle alten Wörter kennt, habe ich im Anhang ein Glossar beigefügt, in dem nachgeschlagen werden kann, wenn ein Begriff im Text Rätsel aufgibt.

Ich wünsche Ihnen viel Vergnügen beim Lesen dieser alten Geschichten.

Lauda-Königshofen, im Oktober 2023

Von Fürsten und Königen

Das edel- und hochfreie fränkische Adelsgeschlecht derer von Hohenlohe gilt als eines der langlebigsten Adelsgeschlechter in Deutschland. Aus dem Taubergau und Gollachgau stammen die ersten namentlich bekannten Ahnen dieser Familie: Conradus und Adelbert de Wighartesheim (Weikersheim). Beide benutzten gegen Ende des 12. Jahrhunderts schon die Bezeichnung ›de Hohenloch‹, vermutlich abgeleitet von der abgegangenen Burg Hohlach bei Uffenheim. Zu Gebietserweiterungen kam es vor allem im 15. Jahrhundert. Kraft V. von Hohenlohe-Weikersheim wurde im Jahr 1450 von König Friedrich III. in den Reichsgrafenstand erhoben. Im folgenden Jahrhundert wurde das Haus Hohenlohe protestantisch. Es kam aber auch zu einer ersten Teilung des Stammlandes in die beiden Hauptlinien Hohenlohe-Neuenstein und Hohenlohe-Waldenburg. Öhringen blieb jedoch noch im gemeinschaftlichen Besitz beider Familien. Nach Parteinahme des Grafen von Hohenlohe-Weikersheim für König Gustav II. Adolf von Schweden während des Dreißigjährigen Krieges wurde die Herrschaft Weikersheim eingezogen. Nach dem Westfälischen Frieden erhielt das Haus Hohenlohe seine alten Rechte zurück. Im Jahr 1667 kehrten die Grafen Christian (Linie Bartenstein) und Ludwig Gustav (Linie Schillingsfürst) zur katholischen Kirche zurück. Später fiel der gesamte Besitz der Hauptlinie Waldenburg nach deren Aussterben an die katholischen Grafen. Als König Karl VII. die katholischen Grafen in den Reichsfürstenstand erhob, kam es zum Streit in der Adelsfamilie darüber, wer Vorrang im Gesamthaus haben sollte. Dieser Streit wurde erst geschlichtet, als auch die Neuensteiner Linie in den Reichsfürstenstand erhoben wurde. 1806 fiel mit der Vereinbarung zwischen Napoleon und den Bevollmächtigten der deutschen Fürsten die Exklave Schillingsfürst an Bayern. Der im 18. und 19. Jahrhundert erworbene Besitz in Schlesien und Böhmen ging nach 1945 endgültig verloren.

Vom Ursprung des Hauses Hohenlohe

König Friedrich, so erzählt man, sei durch das Dorf Hohlach gekommen, habe dort sechs schöne Jünglinge, allesamt Söhne eines Wagners, gesehen, an ihnen Gefallen gefunden und sie ritterlich erziehen lassen. Diese seien die Ahnherren des Hauses Hohenlohe geworden.

Nach Weller: Geschichte des Hauses Hohenlohe

Diese, aus einer Rothenburger Chronik stammende Sage aus dem 15. Jahrhundert hat nach Karl Weller keine historische Bedeutung. »Es sei eine Fabel, der die Erfindung durch die handwerksstolzen Bürger von Rothenburg an die Stirne geschrieben ist …«. Mit König Friedrich ist König Barbarossa, also Friedrich I. (1122–1190) gemeint.

Der weiße Hirsch

Graf Gebhard von Hohenlohe war ein so leidenschaftlicher Jäger, dass er sich das Vergnügen der Jagd selbst an den kirchlichen Feiertagen nicht versagen konnte. Wenn das Glöcklein der Burgkapelle zur Andacht mahnte, ritt er unbekümmert zum Burgtor hinaus. Deshalb hielt es kein Diener, der ein redlicher Christ war, bei ihm lange aus, denn sie mussten mit hinaus, ob sie wollten oder nicht.

Auch am heiligen Christfest wollte der Graf von der Jagd nicht lassen. Gerade wie er sich rüstete, trat seine Frau Adelheid auf ihn zu, das Gebetbuch in der Hand. Sie wollte ihn bewegen, mit ihr an diesem Tag in die Kapelle zu gehen. »Hört ihr die Glocke«, sagte sie. »Sie ruft zum heiligen Christfest. Haltet doch nur einige Augenblicke inne, nehmt wenigstens an der ersten Andacht teil, bevor ihr hinausreitet.«

»Was Glöcklein, was Christfest!«, rief verärgert der Graf. »Mögen andere für mich beten.« Er bestieg sein Ross, gab ihm die Sporen, knallte laut mit der Peitsche und jagte mit seinen Leuten aus dem Burghof. »Ja, mein Gemahl, andere werden für dich beten«, sagte die Gattin leise, doch dies konnte er nicht mehr hören. »Ich will es sein«, fügte sie für sich hinzu. »Ich will flehen zu Gott, dir ein anderes Herz zu geben.« Dann ging sie in die Kapelle.

Die Jagd schien für den Grafen dieses Mal recht glücklich zu verlaufen. Hirsche und Rehe in unzähliger Zahl wurden die schnelle Beute der Jäger. Wohin auch der Graf den Pfeil schoss, fand er sein Ziel und immer auf den rechten Fleck. Der Graf konnte nicht mehr aufhören und einhalten bei seiner glücklichen Jagd, selbst als die Sonne schon über seinem Haupt stand. Selbst den Imbiss vergaß er, den er gewöhnlich um diese Zeit zu nehmen gewohnt war. Es wurde Abend und immer noch war er auf der Jagd.

Da, als die Abendsonne bereits ihre spärlichen Strahlen auf die Wälder herab sandte – Graf Gebhard ritt ein wenig abseits von seinen Genossen – blitzte etwas Weißes hinter dem Gebüsch. Schon sprang ein Hirsch von blendend weißer Farbe hervor, wie er noch nie einen gesehen hatte. Schnell legte Graf Gebhard an, aber wie er den Bogen spannte, war der Hirsch bereits verschwunden. Es raschelte hinter ihm, er wandte sich mitsamt dem Pferd um, da stand wieder der riesige weiße Hirsch. Der Graf riss den Bogen in die Höhe, legte den Pfeil auf, spannte, zielte – doch der Hirsch war erneut seinen Blicken entschwunden. Und immer wieder zeigte sich der Hirsch, weiter und weiter ging es durch den Wald. Anstatt müde zu werden durch das vergebliche Mühen, wurde der Graf immer hitziger. Schon war er von seinem Gefolge ganz entfernt und die Dämmerung längst hereingebrochen. Den weißen Hirsch konnte er aber immer noch sehen, und ihm folgen. Nur erschießen konnte er ihn nicht. Dem Pferd lief der Schweiß bereits in Tropfen über Bauch und Mähne, es wurde immer träger. Als es schien, dass es seinen Reiter nicht mehr zu tragen vermochte, hielt der Graf an und stieg ab.

Nun spürte auch er eine Erschlaffung in allen seinen Gliedern. Zugleich entdeckte er, dass er ganz und gar von seinem Weg abgekommen war. Missmutig warf er sich auf den eiskalten Boden, auf dem kaum die feste Schneedecke des Winters sich gelöst hatte. Er wollte seine Jagdflasche greifen, um seinen Durst zu stillen, aber die hatte er zuletzt seinem Begleiter anvertraut. Da stieß er ins Hüfthorn, doch der Klang verhallte ungehört in der stillen Nacht, denn seine Begleiter waren fern und suchten den verlorenen Herrn überall, nur nicht da, wo er sich befand. Immer brennender spürte er den Durst und die schneidende Nachtkälte. Er erhob sich, um eine Quelle aufzusuchen oder ein Bächlein, wo er seinen Durst löschen konnte. Die Zügel des Pferdes in den Händen schleppte er sich immer weiter, aber er fand nichts, woran er sich laben konnte.

Er mochte wohl eine Stunde mühsam durch Dornen und Gesträuch, über Klippen und Steine gedrungen sein, da zeigte sich im Dunkel der Nacht wieder der weiße Hirsch. Der Graf hatte nun keine Lust mehr, seinen Bogen zu spannen, aber er ging zu auf die Stelle, wo der Hirsch aufgesprungen war, und siehe da, eine Quelle sprudelte an jenem Ort. In diesem Augenblick, da sich der Graf niederbeugte, um seinen Gaumen zu laben, hörte er aus der Ferne ein Glöcklein tönen. Schnell machte er sich auf, nachdem er getrunken hatte, und folgte in der finsteren Nacht dem Glockenton, der nun immer näher klang. Da kam er an ein Bächlein, das ihm bekannt vorkam. Auch erschien der weiße Hirsch wieder, der ihm traulich voranging. Auf einmal verschwand das Tier und der Graf war an Ort und Stelle, wo das Glöcklein geläutet wurde. Es war eine kleine Kirche, die von wenigen Gebäuden und einer nicht hohen Mauer umgeben war. Der Graf befand sich vor dem kleinen Kloster der geistlichen Frauen zu Wachbach, das schon in alten Zeiten von seinen Vorfahren, den Grafen von Brauneck, gestiftet worden war. Dort hatte man nach Mitternacht die Mette geläutet, um die Nonnen in den Chor zum Gebet zu versammeln. Von dort brachte den Grafen ein Wegführer zurück zu seiner Burg, wo er von seiner sich sorgenden Gemahlin, die bereits Boten nach ihm ausgesandt hatte, mit Freuden empfangen wurde.

Seit jenem Tag sah man den Grafen nie mehr, weder an einem Feiertag noch sonntags zur Jagd reiten. Dafür begleitete er desto fleißiger seine fromme Gemahlin in die Kapelle, und nie mehr hörte man, dass er jemals den Ton des Glöckleins überhörte. Aber der Graf dachte auch an die Nonnen, deren Glöcklein ihn gerettet hatte. Noch am nächsten Tag nach seiner wunderbaren Rettung sandte er einen Wagen zum Kloster, gefüllt mit Korn, Käse, Hühnern und einem Geldsack mit einer großzügigen Spende.

Nach Ottmar Schönhuth: Sagen und Geschichten von der Stammburg Wirtenberg

Vermutlich handelt es sich um Gebhard I., Sohn von Heinrich I. von Hohenlohe-Brauneck-Neuhaus, der von ca. 1267 bis 1300 gelebt hat. Damit wäre er jung gestorben, allerdings sind die Lebensdaten nur sehr ungewiss. Das Motiv des weißen Hirsches kommt auch in anderen Sagen vor. Ludwig Uhland hat ein Gedicht über den weißen Hirsch geschrieben. Drei Jäger träumen im Wald davon, wie sie einen weißen Hirsch erlegen. Dann wachen sie auf und erzählen sich gegenseitig ihren Traum.

So lagen sie da und sprachen, die drei,
Da rannte der weiße Hirsch vorbei.
Und eh die drei Jäger ihn recht gesehen,
So war er davon über Tiefen und Höhn.
Husch, husch! pif, paff! trara!

Um dieses seltene Tier rankt sich der Mythos, dass derjenige, der einen weißen Hirsch tötet, innerhalb eines Jahres stirbt. Heutzutage werden diese Tiere eher der Besonderheit ihrer Farbe wegen nicht mehr geschossen.

Götz von Hohenlohe, oder der Kampf um die Königskrone

Adolf von Nassau

Als Rudolf von Habsburg im Jahr 1291 seine Augen für immer geschlossen hatte, machte sich sein Sohn Albrecht, der von seinem Vater mit Österreich belehnt worden war, Hoffnung darauf, dessen Nachfolge anzutreten. So nahm er die Reichskleinodien – Zepter und Krone – von der Reichsburg Trifels mit und wartete darauf, dass der Ruf von den deutschen Fürsten und Fürstbischöfen an ihn erginge. Doch der blieb aus. Mit seiner Handlung hatte er die geistlichen und weltlichen Fürsten gekränkt. Der Erzbischof von Mainz hatte dazu noch eigene Gedanken. Er wollte eine Person seines Stammes auf dem Königsstuhl haben, den er lenken konnte. So schrieb er für den Mai des Jahres 1292 einen Reichstag aus, der in Frankfurt abgehalten werden sollte. Durch geschickte Reden und den Verweis auf den Einfluss des Heiligen Geistes, führte er ihnen Graf Adolf von Nassau zu, der schließlich von allen – entweder durch

Unterordnung unter die geistliche Führung des Bischofs oder durch gutes Zureden und Geldzuwendungen – anerkannt wurde.

Bereits anderen Tags in der Früh riefen Herolde in den Straßen von Frankfurt Adolf von Nassau als König aus. Als er wenig später in Aachen gekrönt wurde, huldigten ihm die Fürsten. Nur einer fehlte, der Herzog Albrecht von Österreich. Boten wurden an ihn gesandt, die ihm nahelegten, sich den Umständen zu fügen. So lieferte er Zepter und Krone aus und ritt selbst mit seinem Gefolge nach Oppenheim, wo der neue König Hof hielt. Der König ging ihm freundlich entgegen und Albrecht kniete vor seinem Herrn nieder. Schnell hob ihn der König vom Boden auf und umarmte ihn. Doch in Albrechts düsteren Augen stand keine Rührung, sondern der Schmerz über diese Demütigung. Mit Groll im Herzen verließ er das Hoflager, ohne diesen offen zu zeigen. Der neue König war in den Reichsgeschäften gewandt und zeigte bald, dass er sich dem Bischof von Mainz nicht unterordnen würde. Er reiste im Land umher, gab sich überall freundlich und jedermann zugänglich. So kam er auch in das liebliche Tal der Tauber.

Zu Gast auf Burg Neuhaus

Unweit von Mergentheim auf einem Berg, der im Osten die Stadt überragte, stand einst die Burg Neuhaus. Von seinem Turm, einem rechten Luginsland, konnte man bei gutem Wetter gen Westen über den Odenwald bis zum Katzenbuckel, und gen Süden bis zu den Waldenburger Bergen sehen. Dort residierte Gottfried von Hohenlohe-Brauneck. Er hatte seiner Burg den Namen Neuhaus gegeben, um sie gegen das an den Deutschen Orden übergegangene Schloss in Mergentheim und seinem Stammsitz Brauneck, dass nur in einer tristen Ebene lag, abzugrenzen. Von diesem neuen Haus sah er jedoch hinab auf die Rebhügel zu beiden Seiten des Tales, das die Tauber durchfloss. Einen großen Teil seines Lebens hatte er im Dienst des Reichs unter Rudolf von Habsburg verbracht. Er war bei allen Fehden und Kämpfen an des Königs Seite gewesen und stand deshalb in großen Gnaden bei ihm. Auch auf dem glänzenden Reichshof zu Erfurt, der 1289 abgehalten wurde, war er noch dabei. Danach aber kehrte er in seine Heimat zurück, hing sein Schwert im Rüstsaal auf und sagte Kriegs- und Hofdienst

Burg Neuhaus

Lebewohl. Von da an widmete er sich seiner Familie. Seine Gemahlin Elsbeth, eine geborene Falkenstein, hatte ihm bereits acht Kinder geschenkt. Das Jüngste ward erst kürzlich geboren und sollte in den nächsten Tagen die heilige Taufe empfangen. Frau Elsbeth hielt sich in ihrem Frauengemach auf, denn sie war vom Burgkaplan noch nicht ausgesegnet worden.

An einem schönen Juniabend des Jahres 1293 trat Herr Gottfried von Hohenlohe aus dem Gemach der Gemahlin, um sich zu einem Ritt in die Stadt zu rüsten. Er wollte den Herrn Deutschmeister Hans von Nesselrode, mit dem er in freundlicher Beziehung stand, bitten, seinen Sohn über die Taufe zu heben. An seiner Seite war sein ältester Sohn, der den gleichen Namen des Vaters trug, denn er sollte mit hinab nach Mergentheim. Doch da erklang das Horn des Torwärters. Schnell wie der Blitz stürmte der junge Götz die Schneckentreppe des Turms hinab, um den Fremdling im Hof zu empfangen. Ein Ritter mit tief in die Stirne gedrücktem Hut, auf dem schöne Federn prangten, ritt über die Brücke in den Burghof. Der Junker empfing den Reiter mit einem freundlichen Kopfnicken, fasste das Ross des Gastes und führte es ganz hinein.

»Wer bist du, junger Mann?«, fragte der Reiter.

»Meines Vaters erstgeborener Sohn Götz«, antwortete der Junker und hielt den Steigbügel, damit der Gast vom Pferd steigen konnte.

»Und sein Marschall und Leibdiener dazu«, sagte der Fremde. »Ich sehe sonst nirgends einen Diener, der sich meines Pferdes annimmt und es in den Stall führt.«

»Ja, ich bin auch meines Herrn Vaters Marschall und Leibdiener, vor allem dann, wenn die Knechte noch drunten auf den Tauberwiesen sind und Heu einbringen.«

Er nahm das Pferd des Gastes und führte es in den Stall, war aber schnell wieder zurück, um den Fremdling in den Saal zu führen.

»Nun aber, da ich Euch gesagt habe, wer ich bin, so erlaubt auch, dass ich Euch frage, wer ihr seid, Herr Ritter, denn ich möchte Euch meinem Herrn Vater anmelden.«

»Wer ich sei, willst du wissen? Nun – ratet einmal«

»Ein Rittersmann, das sehe ich aus Euren Waffen und der goldenen Kette.«

»Rate weiter hinauf.«

»Ein Edelmann, wie mein Vater?«

»Noch mehr.«

»Ein Graf?«

»Noch mehr.«

»Ein Herzog?«

»Noch weiter.«

»Ihr seid doch kein König oder gar König? Ein solcher reitet nicht so armselig ohne Gefolge. Mein Herr, Ihr habt nur Euren Spaß mit mir.«

Da lachte der Fremde, trat durch die Tür, die auf den Schneckengang des Turmes führt, doch der Junker vertrat ihm den Weg.

»Nur gemach, Herr Ritter, bis Ihr mir sagt, wie Ihr heißt. Ich bin nicht nur meines Herrn Vaters Marschall und Leibdiener, sondern auch sein Türhüter. Niemanden lasse ich zu meinem Vater, ehe ich ihm den Namen genannt habe.«

Der Jüngling stellte sich mitten auf die Treppe, spreizte die Beine, so weit er konnte und streckte die Arme auseinander, um mit aller ihm zu Gebot stehenden Gewalt den

Fremden abzuhalten. Dieser lachte und versuchte bald links, bald rechts hindurchzukommen, aber der Knabe hielt ihn mannhaft zurück. Während sich dieser kleine Krieg unten an der Treppe entspann, kam Gottfried von Hohenlohe die Treppe herab.

»Herr von Hohenlohe, Ihr habt einen strengen Türhüter«, rief der Gast dem Herabsteigenden entgegen. »Helft mir, sonst komme ich nicht zu Euch hinauf.«

Nun, als Götz den Vater sah, verließ er seinen Standpunkt und drückte sich fest an das Schneckengeländer, damit der Gast ungehindert hinaufsteigen konnte. Der Herr von Hohenlohe hieß ihn willkommen und meinte, dass ihm die Stimme bekannt vorkomme, aber weil der Hut so tief ins Gesicht gezogen war, konnte er ihn nicht erkennen.

»Ich sollte Euch kennen«, sagte Gottfried, »denn Eure Stimme klingt mir bekannt.«

»Will's meinen«, sagte der Fremdling, »aber ich sag es Euch so wenig wie Eurem Sohn. Sieh mich einmal recht genau an, Herr von Hohenlohe.« Damit nahm er den Hut von der Stirn.

»Ist's möglich!«, rief Herr Gottfried. »Mein Herr und König Adolf würdigt mich, unter meinem Dach zu erscheinen.«

»Nein, nicht dein Herr und König«, entgegnete Adolf, »nur dein alter treuer Freund und Waffenbruder Adolf von Nassau.«

Herr Gottfried wollte niederknien, um seine Ehrfurcht zu bezeugen, aber der König kam ihm zuvor und schloss den Edelmann in seine Arme. »Nicht zu meinen Füßen, sondern an meine Brust, lieber Gottfried.« Dann winkte er den Sohn seines Freundes heran, der noch verblüfft in der Ecke stand. »Komm nur her, du hast dich wacker gehalten. Ich wünsche dir Glück zu deinem Erstgeborenen, Bruder Gottfried. Aber nun stelle mich alsbald deiner Elsbeth vor.«

»Wie gerne, aber …«, der Edelmann war verlegen und fand die rechten Worte nicht.

»Nicht wahr, ich komme zur ungelegenen Zeit?«, half ihm Adolf aus. »Deine Elsbeth ist jetzt nicht in der Verfassung, um Gäste zu empfangen, denn ein anderer lieber Gast hält bereits bei ihr Einkehr.«

»Ihre wisst es also schon, dass meine Gemahlin von einem Knäblein genesen ist?«

»Ich weiß noch mehr, alter Freund. In der Stadt unten habe ich vernommen, dass Morgen Taufe gehalten wird. Da will ich doch dabei sein, als ungeladener Gast, denn die ungeladenen sollen oft die wertvollsten sein.«

»Besonders dann, wenn ein Herr und König zu Besuch erscheint.«

»Lass den König, sag lieber alter Freund, denn ein wahrer, treuer Freund ist der liebste Gast. Wer wird denn die Ehre haben, dein Söhnlein aus der Taufe zu heben?«

»Soeben wollte ich in die Stadt hinabreiten und für ihn einen Paten gewinnen.«

»Die Mühe kannst du dir sparen, wenn dir dein Waffenbruder Adolf von Nassau recht ist. So bald werde ich nicht wieder zur Stelle sein, um dir solchen Dienst zu erweisen. Noch eine Zweite, die du auch kennst, wird sich einfinden zur Taufe, denn sie ist nicht weit von hier.«

»Mein Herr und König, ist es Euer Ernst, dass ihr mich solcher Ehre für würdig erachtet?«

»Was Ehre, was Würdigkeit? Ich kann von Glück sagen, dass mich mein Stern gerade in solcher Stunde hierhergeführt hat. Da du mich aber aus zarten Rücksichten heute nicht mehr deiner Elsbeth vorstellen willst, so verschweige ihr vorläufig, dass ich hier bin, falls du deinen Mund halten kannst. Ich weiß noch von alten Zeiten her, dass dir der Mund leicht überfließt, wenn dir das Herz voll ist. So gerne ich mir von Frauen den Becher kredenzen lasse, du reichst mir als Mundschenk aus. Ein Willkommenstrunk aus Freundeshand ist auch etwas Liebes, besonders wenn man einen Wein bietet, wie er an den Höhen der Tauber wächst.«

»So setzt Euch in meinen geringen Saal, dass ich Euch bedienen kann, wie es sich geziemt.«

König Adolf schob seinen Arm in den Arm des Freundes, mit der Linken fasste er die Hand des Jünglings und so traten die drei in den Saal. Dort löste Gottfried seinem Gast den Schwertgurt und hing Waffen und Dolch an eines der zahlreichen Hirschgeweihe an der Wand. Indessen eilte Götz auf den Wink des Vaters aus dem Saal, um den Wein herbeizuholen. Er kehrte bald wieder zurück, einen gewaltigen Henkelkrug in der Rechten, fast so groß wie er selbst, und einen Willkomm in der Rechten.

Ebenso stattlich, als er den Krug auf den Tisch stellte, hielt er den mächtigen Willkomm dem Vater hin, der ihn bis oben füllte und dann seinem König anbot. Der König leerte den Becher mit dem edlen Markelsheimer Wein in wenigen Zügen und der liebe Gastfreund füllte ihn noch einmal und schließlich zum dritten Mal. Der König dachte nicht, dass der Wein, der an den steilen Ufern der Tauber im heißen Sonnenlicht wächst und so sanft durch die Kehle gleitet, so feurig wäre, wie der Traubentrunk aus dem heimischen Rheingau.

Gottfried von Hohenlohe sah auf das Schwert des Königs und wies dann auf ein anderes. »Das meine hängt dort. Es ist nicht so kostbar geziert, hat seinem Herrn aber keine Schande gemacht. Doch jetzt ruht es müßig in der Scheide, denn ich habe dem Kampf und der Fehde abgeschworen. Der äußere Unfrieden hat bei mir ein Ende. Nun habe ich anderen Zank und Krieg, wo es immer zu schlichten gibt.«

»Doch wohl keinen Hauskrieg?«, fragte lachend der König.

»Das nicht, denn ich und mein Weib leben im stillen Frieden, aber meine vielen Buben lassen mir keine Ruhe. Da ist oft ein Toben und Lärmen im Haus, wie wenn das wütende Heer hindurchzöge, also dass ich manchesmal ernst dreinschlagen muss. Eine Probe habt ihr schon bei meinem Götz erlebt, und der ...«.

»... ist noch der beste, gelt, Väterchen?«, fiel ihm der Junker ins Wort.

Doch da ging die Tür auf und mit Lärm und Krawall stürmten die fünf Junker, alle im Alter unter Götz, und einer immer kleiner als der andere, in den Saal. Sie kamen gerade mit den Knechten vom Feld, wo sie sich bei der Heuernte herumgetrieben hatten. Nur die Schwester, gerade ein Jahr alt, war bei der Mutter zurückgeblieben.

»Ja«, sagte der König lächelnd und betrachtete die wie eine Orgelpfeife dastehenden Knaben, »wenn es so fortgeht mit den Vaterfreuden, dann kannst du einstmals wie der Babenberger mit einer schönen Schar eigener Knappen in die Schranken einreiten und wirst dem Reich eine wackere Ritterschaft stellen.«

»Da sei Gott vor, hoher Herr«, entgegnete Gottfried. »Nun bete ich: Halt ein mit deinem Segen, lieber Herr Gott. Wie wollte ich sie auch alle unterbringen auf meiner Burg und jedem später eine Herrschaft zuteilen?«

Bald tobten die Jünglinge im Saale herum, dass es eine Freude war, bis die Tür am Ende des Saales aufging und der Burgkaplan eintrat, in den Händen noch das Brevier haltend, aus dem er eben in der Burgkapelle das Ave-Maria gebetet hatte. Die Tobenden sprangen auf und bildeten rechts und links ein Spalier, durch das sie den ehrwürdigen

Herrn, der sie mit ernsten Blicken bedachte, hindurchgehen ließen. Mit einmal war Stille eingekehrt im Saal und in demütiger Haltung und mit niedergeschlagenem Blick, einer hinter dem anderen, folgten die Jünglinge ihrem strengen Lehrer und Hofmeister.

Nachdem der Burgkaplan, Herr Nikolaus Weinmann, die Jünglinge aus dem Saal und zur Ruhe gebracht hatte, kehrte er zurück, denn er hatte im Vorübergehen den mächtigen Krug samt Becher auf dem Tisch bemerkt. Es war ohnehin das Stündlein, das er tagtäglich beim kühlen Wein zu verbringen pflegte. Der König erkannte bald, dass sich mit dem Kaplan ein dritter Zechkumpan an den Tisch gesetzt hatte, und es zeigte sich, dass dieser es am längsten aushielt. Als der König bereits des Schlafs bedürftig, unter die Rede hinein manchmal mit dem Kopf nickte und der Burgherr bei manchen Fragen oft gerade das Gegenteil von dem antwortete, was der hohe Gast wissen wollte, da saß der Burgkaplan noch fest, wie eine Mauer, mit glänzenden Augen und ein Becher nach dem andern glitt durch seine Kehle. Der letzte Krug – es war der dritte – war für ihn allein noch übrig und er war Manns genug dafür. Er geleitete den Burgherrn und den Gast zu ihrer Ruhestätte und kehrte anschließend zurück, denn Nikolaus Weinmann verstand die edle Kunst, sich auch allein mit Krug und Becher zu unterhalten. Als er den letzten Rest des goldhellen Markelsheimer getrunken hatte, da gingen ihm die Augen über. Er beugte sein schweres Haupt zurück auf das weiche Lederpolster des Lehnstuhls und sank so in die Arme des Schlafs. Dort ruhte er so sanft wie die beiden Herren auf ihren weichen Lagern von Bären- und Marderpelzen. Es durfte ihn auch niemand wecken, bis er sich selbst erhob, und das war immer genau zu der Stunde, wenn die Frühmesse anfing.

Die Taufe in der Burgkapelle

Alles Bitten und Betteln des alten Wendelin, des Burggärtners, half nichts, und auch nicht, dass er sich mit ausgebreiteten Armen, wie der Junker Götz tags zuvor vor die Treppe, nun vor den Burggarten stellte. Die Mägde drängten ihn zur Seite und hinterließen im Garten, der sonst als der schönste in weitem Umkreis galt, eine Leere wie in der Wüste. Die Burgkapelle und der Saal sahen umso prächtiger aus, mit all dem Blumenschmuck.

Burg Neuhaus/Wappen

Die Taufen auf Burg Neuhaus waren immer besondere Feste gewesen, an der die ganze Familie, Verwandte, Freunde teilnahmen und auch die Armen nicht zu kurz kamen. Sie konnten noch tagelang von dem zehren, was ihnen an Speis und Trank zugewiesen wurde. Spielleute und fahrende Künstler lobten jedes Mal noch lange die Freigiebigkeit des Herrn von Brauneck.

Bald schon kam ein stattlicher Zug von Mergentheim die Straße zur Burg herauf. Vorneweg ritt, reich gekleidet, eine strahlende Frau auf einem weißen Zelter mit goldbestickter Schabracke. Ihr zur Rechten trabte auf einem Pferd von dunkler Farbe der Deutschmeister Hans von Nesselrode. Obwohl er diesmal nicht Pate sein durfte, kam er trotzdem aus Freundschaft zu Gottfried von Hohenlohe, um als Zeuge an der feierlichen Handlung teilzunehmen. Als Geleit folgten eine Schar Ordensritter und der Ordenspriester von Mergentheim, Bruder Heinrich von Finsterlohr, der sich an der Taufhandlung beteiligen sollte. Wie staunte Herr Gottfried, als er mit dem König die edle Imagiara, des Königs erlauchte Gemahlin, begrüßte. Er hatte sie zuletzt als zarte Jungfrau im Hause ihres Vaters gesehen. Doch es war keine Zeit für lange Begrüßungen, denn schon läuteten die drei Glocken auf dem Turm der Kapelle.

Frau Elsbeth von Brauneck kniete bereits in der Kapelle, neben ihr die Amme mit dem Täufling. Ihre Andacht war so innig, dass sie nicht einmal aufblickte, als die hohen Gäste in die Kirche traten. Erst als das heilige Amt vorüber war, der ehrwürdige Ordenspriester vor den Taufstein trat und sich anschickte, die heilige Taufhandlung vorzunehmen, da blickte die Burgfrau auf und gab dann der Amme das Zeichen, dass sie den Täufling bis zu dem Taufstein trug. Sie selbst blieb in kniender Stellung. König und Königin verließen ebenfalls ihren Betstuhl und traten vor den Taufstein. Verwundert blickte die Amme auf, als die majestätische Frau mit der kostbaren Krone das Kind von ihren Armen nahm, auf die Stirn küsste und es so lange hielt, bis die Legende verlesen war. Darauf nahm die Amme wieder den Täufling auf ihre Arme, wickelte ihn aus seinem reich geschmückten Taufkissen und zog ihn bis aufs Hemdchen aus. Nun erst nahm ihn König Adolf in seine Arme, küsste ihn auf die Stirne, und als der Ordenspriester ihm einen Wink gab, näher zu treten, hielt er das Kind mit beiden Händen über das mit Wasser gefüllte tiefe Becken des Taufsteins.

Nachdem die Salbung und die sonst üblichen Zeremonien mit dem Täufling vollzogen waren, richtete der Priester die Frage an den König: »Glaubst du, dass Jesus der Christ ist?« Als der König es im Namen des Täuflings bejaht hatte, fuhr er fort, indem er das Kind mit den Händen fasste: »Adolfus, ich taufe dich auf den Namen Gottes des Vaters, Gottes des Sohnes und Gottes des Heiligen Geistes.« Bei jedem heiligen Namen tauchte er den Täufling bis an den Hals in das Wasser. Dann bezeichnete er seine Stirne noch einmal mit dem Zeichen des Kreuzes, gab es in die Arme des Königs zurück und dieser stellte es wieder der Amme zu. Während der ganzen feierlichen Handlung hielten die Königin und der Deutschmeister, welcher gleichfalls an den Altar getreten war, brennende Wachskerzen in den Händen. Als die Taufhandlung abgeschlossen war, gingen die beiden Priester in die Sakristei zurück. Alle Anwesenden, voran der Täufling, verließen in einem feierlichen Zug die Kapelle. Der Burgfrau erschien es fast wie ein Traum, was vor ihren Augen vorgegangen war. Erst, als der Zug im Rittersaal ankam, wo indessen alles zu einem prächtigen Mahl gerüstet war, erklärte der Burgherr seiner

Gemahlin, wie er zuerst selbst überrascht worden und nun auch ihr eine angenehme Überraschung bereitet worden sei. Dann führte er sie dem König und der Königin zu.

Frau Elsbeth nahte der Königin unbefangen, verbeugte sich ehrerbietig vor ihr, und sprach mit freundlichem Blick: »Heute ist Heil unserem Hause widerfahren, hohe Frau, dass ihr es für würdig gehalten, unter unser Dach zu treten und dem Segenstage meines Söhnleins beizuwohnen.« Die Königin erwiderte den Gruß mit einer liebevollen Umarmung. Als aber Frau Elsbeth dem König nähertrat und ihren Dank dafür aussprach, dass er am Kinde die große Gnade getan und sein Pate geworden sei, da stotterte ihre Stimme und ihre Hand zitterte in der Hand des Königs. Auch schlug sie ihre Augen zu Boden, die doch zuvor der Königin so unbefangen angesehen hatten. Nur mit Mühe konnte sie die Tränen verbergen, die auf einmal ihren Blick trübten. Der König und seine Gemahlin merkten es kaum, aber Herr Gottfried von Hohenlohe sah es und verstand sie. Doch tat er, als ob er sie nicht gesehen hätte. In Anwesenheit so hoher und lieber Gäste, und um nicht die Freude des Mahles sich selbst und anderen zu stören, ließ er keinem düsteren Gedanken Raum, der in seiner Seele aufsteigen wollte.

Es war aber auch ein freudiger und segensreicher Tag für ganz Hohenlohe-Brauneck, denn der König war ein guter und freundlicher Pate. Mehr als einmal ließ er sich während des Mahles das Kind herbeibringen, nahm es freudig auf den linken Arm, hob begeistert mit der Rechten den Becher und ließ es hoch und lange leben. Als man es ihm aber das letzte Mal herbeitrug, und das war, als die Strahlen der abendlichen Sonne die hohen Bogenfenster des Saales beleuchteten, da schob er dem Kind heimlich ein zusammengelegtes Pergament mit anhängendem königlichem Sigel unter das Kissen. Die Königin band auf der anderen Seite ebenso heimlich dem Kindlein einen Beutel an, den man kaum mit zwei Händen umfassen konnte. Als man ihn später öffnete, lagen darin 100 Goldgulden mit dem wohlgetroffenen Bild des Königs und noch ganz neu, denn der König war noch nicht lange im Amt. Doch war der Inhalt der Urkunde noch bedeutsamer. Er lautete: »Wir Adolfus, von Gottes Gnaden König in deutschen Landen, tun kund und zu wissen jedermann, die dies hören oder lesen, dass wir dem edlen Mann, Herrn Gottfried von Hohenlohe, unserem lieben Gevatter und Freunde, um willen seines jüngsten Sohnes Adolfs, unseres Göttleins, verleihen und zuschreiben den Zoll der Stadt Mergentheim.« Das war ein beachtliches Patengeschenk, denn der

Reichszoll zu Mergentheim war von großer Bedeutung. Die Hauptstraße, die später sogenannte Königstraße, führte bereits über Mergentheim nach Frankfurt.

Das königliche Paar richtete sich zum Aufbruch, denn schon in der Früh des nächsten Tages wollte es ihre Reise durchs Reich fortsetzen. Bereits dunkelte es, als der König seinen Begleitern das Zeichen zum Aufbruch gab. Der Deutschmeister und seine Ordensbrüder erhoben sich mit dem König vom Tisch und ließen sich ihre Waffen bringen, die an den Wänden des Saals aufgehängt waren. Wollte man einen Gast hoch ehren in jenen Zeiten, so war es die Burgfrau, welche ihm das Schwert darreichte. Das tat auch Elsbeth von Hohenlohe. Sie langte des Königs Schwert von der Wand und brachte es ihm, um es dem hohen Gast umzulegen. Als sie das Schwert mit dem kostbaren Gurt ansah und in die Hände nahm, überkam sie eine Wehmut, wie einst Frau Kriemhild im Hunnenland im Innersten bewegt war, als sie an Hagens Seite das Schwert Balmung erblickte, mit dem er ihren geliebten Siegfried erschlagen hatte. War doch der Gurt ein Werk ihrer Hand, an dem sie ehemals so manchen Tag, ja so manche Nachtstunde gearbeitet hatte, das sie ihm gab in Zeiten beglückter Liebe, als sie den jungen Grafensohn von Nassau noch ihren geliebten Friedel nannte. Aber sie hatte ihrem Geliebten entsagen müssen und dann ihrem jetzigen Gemahl die Hand gereicht. Und nun zierte der Gurt das Schwert des Königs von Deutschland. Frau Elsbeth drängte die Wehmut ihres Herzens zurück und die Träne, welche das schöne dunkle Augenpaar trüben wollte. Sie fasste sich, gürtete dem König das Schwert um und stellte sich freundlich und heiter, aber sie verbarg unter dieser scheinbaren Freundlichkeit das Leid ihres Herzens. Auch, als sie dem König und der Königin im Hof die Hand zum Abschied reichte, nahm sie sich zusammen und verbarg ihr Gefühl. Sie schien beinahe gleichgültig beim letzten Gruß, den ihr der König zuwinkte.

Als Gottfried von Hohenlohe dem König auf das Pferd hinauf die Hand zum Abschied reichte, sprach er: »Fahret wohl, hoher Herr. Es soll Euch die Guttat und Huld unvergessen bleiben, die Ihr an mir und den Meinen gezeigt, und dass Ihr meinen Jüngsten über die Taufe gehoben habt.«

»Dein Jüngstes«, bemerkte der König lächelnd, »aber nicht dein Letztes, denn nicht acht, sondern neun ist eine heilige Zahl. Und bedarfst du eines Paten, so bin ich dir wieder zu Dienst.«

»Wie sollte ich es wagen, Euch noch einmal zu bemühen«, entgegnete der Burgherr. »Das wäre zu viel der Ehre. Und wie sollte ich es Euch vergelten können?«

»Was vergelten!«, rief der König. »Wer weiß, ob nicht mein lieber Freund mir einstmals einen größeren Dienst leisten kann, als ich ihm geleistet. Auch König und Könige brauchen Freunde in der Not.« Er sprach diese Worte mit Nachdruck, drückte noch fest die Hand des Freundes, gab seinem Pferd die Sporen und ritt davon.

Vor Gottfried war die Gemütsstimmung seiner Gemahlin nicht verborgen geblieben. Als daher die Gäste von der Burg geschieden waren und er mit Frau Elsbeth in den Saal zurückkam, fragte er: »Wie soll ich das deuten, liebe Elsbeth, dass du beim Abschied von unseren hohen Gästen so gleichgültig gewesen bist?«

»Das kann nicht Euer Ernst sein, dies zu glauben«, entgegnete die Burgfrau. »Im Gegenteil, mir ist der Abschied recht nahe gegangen.«

»Nicht wahr«, setzte Götz von Hohenlohe hinzu, »vor allem von meinem königlichen Freund? Warum hast du es aber zu verhehlen gesucht? Das ist nicht redlich von dir gewesen. Habe ich nicht schon bei deinem ersten Zusammentreffen mit dem König beobachtet, wie dir das Wiedersehen Mühe gemacht, wie du verlegen die Augen zur Erde geschlagen, wie deine Hand gezittert hat, die du ihm dargereicht, wie du kaum die Träne in deinem Auge verbergen konntest. Liebe Elsbeth, ich kann dir nicht zürnen, dass die Erscheinung unseres erlauchten Gastes in deinem Herzen wehmütige Erinnerungen hervorgerufen hat, aber von der Mutter meiner acht Kinder hat es mir weh getan, dass die Eindrücke einer früheren Liebe in ihrem Herzen so unvertilgbar sein sollen.«

»Oh Gott!«, rief Frau Elsbeth, und dabei flossen nun wirklich Tränen aus ihren Augen. »Ihr werdet doch daran nicht zweifeln, mein Gemahl, dass ich das Bild des früheren Geliebten aus meinem Herzen verbannte, seiner ganz und gar vergessen, und nur einem Bilde von nun an in meinem Herzen Raum gönne? Und das seid Ihr, mein einzig Geliebter, Ihr, dem ich am Altar Herz und Hand geboten, dem ich bis auf diese Stunde in ganzer Treue angehörte.«

»Ich will es dir glauben, meine liebe Frau«, versetzte der Burgherr. »Ich will glauben, dass es bei dir nicht heißt, wie bei so manchen anderen: alte Liebe rostet nicht. Aber eines wirst du mir doch gestehen, dass der Gedanke in dir aufgestiegen ist, statt der Königin könnte auch ich unter Krone gehen, und dieser Gedanke hat dich wehmütig gestimmt, nicht wahr, liebe Elsbeth, ich habe richtig geraten?«

»Was ich darauf antwortete, ihr würdet es mir nicht glauben«, entgegnete die Burgfrau mit sichtbarer Verlegenheit. »Ich kann nur sprechen: So und nicht anders hat es Gott gewollt, und sein Wille ist immerdar der beste. Auch fühle ich mich so glücklich wie eine Königin, wenn ich Arm in Arm mit Euch unter unseren Kindern stehe, die so hold und lieb uns anschauen. Ja, ich möchte mit keiner Königin und Königin tauschen, die solch ein Glück entbehren.«

»Da hast du recht, liebe Elsbeth«, sprach der Burgherr mit viel liebevollerer Stimme als er bisher geredet. »Ich möchte ebenso wenig mit meinem hohen Herrn und Gönner tauschen, denn wo ist eine Krone, die nicht schwer drückt? Und wie wandelbar ist doch das Glück, das den Königen lächelt. Ein leuchtender Stern ist über dem Haupt meines Freundes aufgegangen. Möge er nicht so bald erbleichen, wie es bei manchen geschehen ist, die Deutschlands Krone trugen. Möge die Stunde fern sein, wo des Königs Glück sich wendet, und die Burgfrau auf Neuhaus sich in Wahrheit für glücklicher halten möchte als die Königin, die unter der Krone geht.«

Das war wie ein prophetisches Wort, was Herr Gottfried von Brauneck zu seiner Gemahlin sprach, und es fand eher seine Erfüllung, als man damals hätte glauben können. Der Glücksstern König Adolfs, der so herrlich aufgegangen war, ging bald wieder unter. Es war seine eigene Schuld und des Mannes Verschwörung, der ihn erhöht hatte über alle Fürsten des Reichs, und der nun zeigen wollte, dass er auch die Macht habe, ihn wieder zu erniedrigen.

Der Fuchs von Mainz

König Adolf hatte zu Beginn seiner Regierung lobenswerte Beweise von ernster Sorge für die Wohlfahrt des Reichs, sowie von Gerechtigkeit und Klugheit, gegeben, und sich bei Geistlichen wie Weltlichen ein wohlverdientes Vertrauen und Ansehen erworben. Dieses Vertrauen und Ansehen erlitten den ersten Stoß, als er sich mit König Eduard I. von England gegen Frankreich auf ein Bündnis einließ. Er warb eine starke

Heeresmacht und zu ihrer Ausrüstung erhielt er vom englischen König 30.000 Mark Silber. Man sah es als ungeziemend an, dass das Oberhaupt des Römischen Reichs wie ein gemeiner Ritter um Sold im Felde liegt. Doch noch mehr schadete ihm eine Handlung, die lediglich der Vermehrung seiner eigenen Hausmacht diente. Landgraf Albrecht von Thüringen, von seinen Zeitgenossen mit Recht ›der Entartete‹ genannt, gab dazu den Anstoß. Er hatte seine Gemahlin Margaretha von Hohenstaufen so lieblos und grausam behandelt, sie zuletzt gar verstoßen, um mit seiner Geliebten Kunigunde von Eisenberg ungestört sein freches Leben fortführen zu können. Zwischen ihm und seinen beiden Söhnen Friedrich und Dietzmann brach deshalb ein verheerender Krieg aus, der mit wechselndem Glück geführt wurde, bis König Rudolf den Vermittler machte. Im Herzen des Vaters hörte der Groll gegen die Söhne jedoch nicht auf. Er überschrieb das reichste und größte Gebiet seines Landes seinem mit Kunigunde gezeugten Bastard Apitz und den beiden rechtmäßigen Söhnen nur geringe Burglehen als Erbteil. Als darüber ein neuer Krieg zwischen ihm und seinen Söhnen ausbrach, und er bald daran war, Land und Leute zu verlieren, brachte ihn Kunigunde auf den Gedanken, sein Land an König Adolf zu verkaufen, und mit dem Erlös seinem Sohn Apitz zu einem standesgemäßen Auskommen zu verhelfen. Er eilte nach Nürnberg, wo sich der König aufhielt, und macht ihm sein Angebot. König Adolf tat den unseligen Schritt, der ganz mit seiner bisherigen Gerechtigkeitsliebe und Klugheit im Widerspruch stand, und kaufte mit einem Teil des von König Eduard empfangenen Geldes die Thüringer Lande.

Doch was er erkauft hatte, musste er sich erst mit dem Schwert erwerben, denn die Brüder Friedrich und Dietzmann wollten sich nicht gutwillig unterwerfen. Da fiel der König mit Heeresmacht in Thüringen ein, unterwarf den größten Teil des Landes und verdrängte die Brüder aus ihrem rechtmäßigen Besitz. Während er aber an den Rhein zurückzog, fielen die beiden Landgrafen von Neuem ins Land und eroberten alles wieder, was der König mit dem Schwert erstritten hatte. Da kehrte Adolf um und eroberte von Neuem Thüringen, das er sofort besetzte und als seines Hauses Eigentum betrachtete.

Bei der Unterwerfung des Thüringer Landes hatten die Königlichen Scharen wie im Feindesland geraubt, gemordet und gebrannt und selbst der König hatte sich in seiner Erbitterung eine Strenge und Grausamkeit gegen einzelne zu Schulden kommen lassen, die mit seinem sonst so milden Wesen ganz im Widerspruch stand. Kein Wunder, wenn diese Tat König Adolfs in allen Herzen, die für Billigkeit und Recht standen, Missmut und Unwillen erregte. Damit war es um das Ansehen des Königs geschehen und seine heimlichen Feinde betrachteten es als eine gute Gelegenheit, ihren lang verhaltenen Groll gegen ihn auszulassen.

An oberster Stelle unter seinen Feinden stand der Vetter, Erzbischof Gerhardt von Mainz. Der konnte es Adolf nicht verzeihen, dass er ihm die Krone zugewendet hatte, vom König jedoch als fünftes Rad betrachtet wurde. Wie er einst bei der Wahl die Reichsstände für Adolf von Nassau gewonnen hatte, so war es ihm jetzt ein Leichtes, sie gegen ihn einzunehmen. Schon damals soll der geistliche Kirchenfürst sich im Panzer oder Jagdgewand wohler gefühlt haben als in der Stola. Wenn mein Vetter nicht will, was ich will, so soll er bald sehen, dass ich noch andere Könige aus meinem Jägerhorn blasen kann, soll er gesagt haben. Er wandte sich nun Herzog Albrecht von Österreich zu. Bei der Krönung König Wenzels von Böhmen in Prag gewann er den Markgrafen Otto von Brandenburg und Herzog Albrecht von Sachsen für eine neue Königswahl. Sie trafen sich in Mainz und verkündeten im Dom, dass sie vor sechs Jahren den Grafen von Nassau als den Tauglichsten und den Fürsten zum König gewählt hätten, dass er zu Beginn auch viele Regententugenden gezeigt, sich jedoch bald ihrem Rat entzogen hätte. Inzwischen habe er Kirchen und Klöster beraubt, vom König von England Geld angenommen, nicht zur Vermehrung des Reichs, sondern zum Erwerb unrechten Gutes. Außerdem soll der König eine Nonne in Thüringen aus dem Kloster entführt haben und als Kebse auf einer einsamen Burg festhalten.

Das waren für die Kurfürsten Anklagegründe genug, um ihn dreimal vorzuladen. Doch König Adolf erschien nicht. Nun wurde wiederum ein Rat abgehalten und der Vorsitzende, Erzbischof Gerhard, erklärte im Namen der Versammelten seinem Vetter des Reichs für verlustig.

Auch Albrecht von Österreich wurde mitgeteilt, was man zu Mainz über König Adolf beschlossen hatte. Man forderte ihn auf, den König mit Heeresmacht anzugreifen. Es sollte geheimgehalten werden, doch erfuhr es Adolf von Nassau dennoch. Albrecht hatte sich schon gerüstet und im Elsass ein mächtiges Heer um sich versammelt, das aus Österreichern, Schwaben, Böhmen, Ungarn sowie Adel aus habsburgischen Herrschaften bestand. Doch auch der König hatte mächtige Bundesgenossen, wie den Erzbischof von Köln, Herzog Otto von Bayern und viele andere. Obgleich der König durch seinen ungetreuen Vetter des Reichs entsetzt war, schlugen doch noch in allen deutschen Landen Herzen voller Zuneigung für ihn, die willig waren, Blut und Leben für den König zu lassen. Viele Ritter machten sich auf, zum Rhein, um mit seiner Heeresmacht zusammenzutreffen. Einer der Getreuesten und einer der Ersten am Platz war Götz von Hohenlohe aus dem fernen Taubergrund, der willig das längst nicht mehr gewohnte Schwert von der Wand genommen hatte, um es im Dienst des Freundes treu und ritterlich zu führen.

Der Abschied auf Neuhaus

An einem heißen Junitag des Jahres 1294 saßen Herr Gottfried von Hohenlohe und seine Gemahlin Elsbeth auf dem Söller der Burg. Ein dichtes Linnentuch war über ihnen ausgespannt, um die heißen Strahlen der Junisonne abzuwehren. Frau Elsbeth hatte eine Stickerei auf einen Rahmen gespannt, die eben der Vollendung nahe war. An ihre Seite lehnte sich das sechsjährige Töchterlein, welches begierig auf die Hand der Mutter blickte, um ihr die edle Kunst des Stickens abzuschauen. Zu ihren Füßen auf dem Schemel saß das Söhnlein Adolfus, ein rotwangiger Knabe, und wiegte eifrig eine kleine Wiege, in dem eben Schwester Adelheid ihrem Liebling ein Bettlein zurechtgemacht hatte.

»Es will nicht einschlafen, dein Kindlein, lieb Adele, und hab doch so arg gewiegt.« Mit diesem Ruf unterbrach der kleine Adolf die Stille auf dem Söller und stieß unwillig an die Wiege, dass sie beinahe über und über purzelte. »Nur nicht so heftig, lieb Adolf«, bat Schwester Adelheid, »und noch ein paar Augenblicke, denn ich muss noch sehen, wie die Mutter die Arbeit schließt.« Vater und Adolf lachten laut. Doch beim Stoß an die Wiege war der kleine Liebling herausgesprungen und der Türe des Saals zugeeilt. Es war das rote Lieblingskätzchen des Fräuleins, welches um diese Stunde gewöhnlich sein Schläfchen zu machen pflegte, aber das auch nur, wenn es von Adelheid mit ihren zarten Händen eingewiegt wurde. Um sie wieder einzufangen, verließ Adelheid die Mutter und auch Adolf erhob sich von seinem Schemel und folgte ihr nach. Das listige Kätzchen

jedoch sprang auf ein hohes Gesims im Saal und überließ den beiden Geschwistern das Hinaufsehen.

Indessen spannte Frau Elsbeth ihre Arbeit aus dem Rahmen und blickte freudig darüber. »Der Gurt ist fertig, mein Herr Gottfried von Hohenlohe!«, rief sie mit freudestrahlendem Antlitz. »Was bekomme ich aber von meinem Herrn Gemahl dafür?«, fragte sie mit schelmischem Lächeln.

»Die Arbeit ist gut ausgefallen«. Er blickte mit prüfendem Auge darauf. »Darum auch einen Lohn, der etwas wert ist, liebe Elsbeth.«

Er ließ seine Gemahlin nicht zu Wort kommen, schlang die Arme um sie und drückte einen warmen Kuss auf ihre roten Lippen.

»Ich nehme die Gabe zurück und behalte sie auf Euren Geburtstag, obgleich auch der heutige Tag, da sie fertig geworden, bedeutungsvoll ist, denn vor fünf Jahren an diesem Tage habe ich Euch Euer jüngstes Söhnlein in die Arme gelegt.«

»Also ist dieser Junitag ein Glückstag für mich«, bemerkte Herr Gottfried.

»Aber ich wünsche, dass dieser Schwertgurt nur Euer Schwert zieren möge, wenn ihr Euch festlich schmückt, dass ich ihn Euch aber nie umlegen muss, damit Ihr es im Kampfe tragt.«

»Möge dein Wunsch erfüllt werden, liebe Elsbeth, obwohl ich noch Kraft und Lust hätte, den Arm zu rühren, wenn es sein sollte.«

Der Edelherr hatte noch nicht ausgeredet, da erschien sein ältester Sohn Götz auf dem Söller und überbrachte ein Pergamentblatt mit dem bekannten Sigel des Königs. »Ein Bote hat es unten im Burghof abgegeben«, sprach der Junker und reichte es dem Vater. »Das ist von meinem Herrn und König!«, rief dieser und löste das Sigel. Der Brief enthielt nur wenige Zeilen:

»Vielgetreuer Freund und Gevatter! Die Kurfürsten haben mich des Reichs für verlustig erklärt auf Antrieb des ungetreuen Blutfreundes, des Pfaffen zu Mainz. Der Falsche hat dem Herzog Albrecht die Hand geboten, um mich zu verderben. Der Gegner steht bereits gerüstet mir gegenüber mit seiner Heeresmacht. Es gilt einen Kampf auf Leben und Tod, den Kampf um meine Krone. Jetzt zeige, dass du ein treuer Freund bist, sammle im Frankenland alle Freunde, die es noch gut meinen mit ihrem König, und eile mit deinem Fähnlein so schnell wie möglich hierher. Gegeben im Lager vor der Stadt Ruffach am 28. des Heumonds im Jahr unseres Herrn und Heilands 1298.«

Schmerzvoll fuhr Gottfried über seine Stirne, als er den Brief des Königs gelesen hatte. »Das habe ich schon längst geahnt«, sprach er. »Der falsche Erzbischof hat ein echtes Vetterstück an seinem König gemacht und den verstoßen, dem er zuvor die Krone verschafft. Aber der lässt sich die Krone nicht so leicht nehmen. Darum ruft er seine Freunde zusammen, und ich werde nicht ferne bleiben, wenn mein liebster Freund in Gefahr ist. Darum spute dich, liebe Elsbeth, und nähe den Gurt an mein Streitschwert. Übermorgen mit dem Frühsten sitzen wir zu Pferde und es geht dem Rhein zu. Du aber mach dich gefasst, mein Sohn, du wirst deinen ersten Ritt machen in des Königs und des Reiches Diensten.«

»Wie freue ich mich, lieber Vater«, rief der Junker, »dass ich auch einmal mit Euch reiten darf, wo es ernstlich zugeht.«

Schon der Inhalt des Königlichen Schreibens hatte sichtbar einen wehmütigen Eindruck auf das Gemüt der Burgfrau gemacht, aber sie wurde bleich im Angesicht, als ihr Gemahl das Wort aussprach, dass sein Auszug ins Feld so schnell erfolgen sollte und auch ihr Erstgeborner den ersten Ritt machen müsse. Gegen das Erstere konnte sie keine Einsprache tun, denn es war Pflicht eines jeden treuen Vasallen, dem Heerbann zu folgen, um so viel mehr, als dass der Edelherr von Hohenlohe dem König so sehr verpflichtet war. Gegen das Zweite hätte sie gern Einspruch eingelegt, aber sie hatte erst kurz zuvor den Erstgeborenen als waffenfähig erkannt und wusste außerdem, dass ihr Gemahl in dem, was er zu tun beabsichtigte, keinen Widerspruch duldete.

Noch am selben Tag sandte Gottfried von Hohenlohe seine Boten nach allen Seiten aus, tauberauf- und abwärts, hinauf zur Burg Brauneck, wo seine Brüder wohnten, hinüber nach Neuenstein und Öhringen, zu seinen Vettern von Hohenlohe. Auch die Schenken von Schüpf und die Herren von Boxberg wurden aufgerufen zum fränkischen Heerbann. Schon am Abend des folgenden Tages, als ein königlicher Bote bereits mit der Meldung unterwegs war, dass Herr Gottfried von Hohenlohe noch vor Ablauf des Heumonds mit allen Reichsmannen aus Franken beim König eintreffen würden, ritten die ersten Ritter und Reisige aus den fränkischen Gauen den Burgweg auf

Neuhaus herauf. Bis zum dritten Tag nach dem Aussenden der Boten des Gottfried von Hohenlohe hielt der Zustrom an. Da bald Burg Neuhaus voll war, nahm der Deutschmeister, Hans von Nesselrode, im Ordenshaus die weiterhin Eintreffenden auf. Als daher am fünften Tage, nachdem der König seinen Boten auf Neuhaus gesendet, Ritter und Reisige ab der Burg Neuhaus und dem Ordenshaus zu Mergentheim auszogen, da war es ein starkes Fähnlein von Knechten, das sich noch an die Übrigen anschloss.

Bereits in der Früh gaben die Hörner auf der Burg das Zeichen. Solch ein Klang war schon seit langem nicht mehr auf der Burg gehört worden. Darum fuhr Frau Elsbeth überrascht aus dem Schlaf. Schnell war sie mit den beiden kleineren Kindern, dem Fräulein und dem Söhnchen Adolfus angekleidet und ging dem Rittersaal zu, wo bereits der Burgherr mit seinem Erstgeborenen vom Kopf bis zum Fuß gerüstet stand. Um beide herum die fünf jüngeren Söhne. Nur die Schwerter hatten sie noch nicht umgelegt, denn diesen Dienst hatten sich immer die Frauen des Hauses vorbehalten. Die Borte für das Schwert des Burgherrn schlang sich zierlich um das Schwert, das noch an der Wand hing. Ein zweites Schwert mit Gurt fehlte noch für den Sohn, der nun zum ersten Mal mit dem Vater ausziehen sollte. Auch dafür hatte Frau Elsbeth bereits gesorgt, die Tochter Adelheid hielt es in einem seidenen Überzug verborgen, in ihren Armen. Als sie sah, wie ihr Liebling gewappnet an der Seite ihres Gemahls stand, sich auf das gewaltige Schild mit dem Leoparden von Hohenlohe lehnend, da wandelte sich die Farbe ihres Antlitzes; sie wurde totenbleich, als sie ihrem Gemahl mit tränenden Augen das Schwert umlegte. Als sie der Tochter das Schwert für den Sohn aus den Armen nahm, zitterte sie. »Wollt ihr Euch nicht bitten lassen, mein Herr und Gemahl«, fragte sie mit tränenerstickter Stimme, »dass ihr mir unseren geliebten Sohn hier lasst? Er ist noch so jung und zart, als dass er kaum die Mühen der Fahrt erdulden wird.«

»Da wäre er keiner von Hohenlohe und seines alten Stammes unwert, wenn er ein solcher Schwächling wäre«, entgegnete der Burgherr. »Haltet ihn nicht ab, Frau Elsbeth, er hat es selbst gewollt.«

»Gebt mir mein Schwert, liebe Mutter«, bat Götz, »ich will es führen, dass es meinem Herrn und König und dem Reich Heil und Euch Ehre bringt.«

Noch einmal flehte die Burgfrau und fasste die Hand des Gemahls: »Lasset ihn hier, mein Herr, Ihr führt genug Mannen dem König zu. Ist es nicht genug, wenn Ihr

Euch seinem Dienst weiht – was sollt Ihr ihm noch Euer eigen Fleisch und Blut opfern? So viel seid Ihr weder Eurem König noch Eurem Freund schuldig.«

»Das sind wir unserem Freund nicht schuldig? Ist das dein Ernst, Elsbeth? Dass bist du dem Freund deiner Jugend nicht schuldig, dass du ihm deinen Sohn sendest, der für ihn streite gegen seine Feinde?« Sein bedeutungsvoller Blick ging ihr durch das Herz und Frau Elsbeth bat nicht weiter, doch sie fiel vor ihm auf die Knie, umschlang ihn und rief weinend: »Leb wohl, leb wohl, mein liebes Kind, mein Schmerzenssohn, lebe wohl auf ewig. Ich werde dich nimmer wiedersehen im Erdenleben!« Wie ohnmächtig lag sie in den Armen ihres Sohnes. Da fasste sie der Burgherr und rief ihr ins Ohr: »Um Gott, fasse dich, fasse dich, liebe Frau, ich bring ihn dir wieder, deinen lieben Sohn, denn Gott wird ihn schützen. Nur mit ihm kehr ich wieder – ohne in will ich nimmer dein Antlitz sehen.«

Bei diesem Schwur fuhr die Burgfrau zusammen und erwachte aus ihrer Ohnmacht, aber ihre Schwäche verließ sie noch nicht. Man musste sie auf einen in der Nähe befindlichen Stuhl bringen. Zugleich ertönten die Heerhörner zum letzten Mal. Der Vater war schon unten im Burghof bei den versammelten Mannen und bereits zu Pferd gestiegen, als der Junker nachkam, hinter ihm die Brüder, welche ihm noch die Hand aufs Pferd boten.

Eben ritt die Schar der Ritter, an der Spitze Gottfried von Hohenlohe und sein Sohn, aus der Burg. In diesem Augenblick war den beiden, als müssten sie sich im Sattel drehen, um sich noch einmal gegen die Burg zu wenden. Eine liebende Frau stand dort mit bleichem Angesicht auf dem Söller und winkte ihnen Lebewohl zu. Vater und Sohn erwiderten schmerzlich den Gruß, indem sie das Haupt mit glänzendem Helm und wallendem Federbusch tief verneigten. Dem Sohn stürzten aus dem offenen Helm die Tränen hervor und auch in den Augen des Burgherrn schimmerte es feucht.
Elsbeth blickte noch lange dem Gatten und Sohn nach, bis ihre Helmbüsche hinter den ersten Häusern von Mergentheim verschwunden waren. Es war ihr, als ob sie beide nimmer wiedersehen werde im Erdenleben.

König Adolf befand sich im Lager vor der Stadt Ruffach im Elsass, als er den Boten ins Frankenland sandte. Als der Bote zurückkam, hatte der König bereits die Belagerung der Stadt aufgegeben und war mit seinem Heer den Rhein hinabgezogen, denn man hatte ihm zugetragen, dass sein Gegner, Herzog Albrecht von Österreich, seinen bisherigen Standpunkt in der Nähe von Straßburg und sich über Zweibrücken der Stadt Mainz zugewendet hatte, wo er in dem Erzbischof Gerhard einen besonderen Freund gefunden hatte.

In Oppenheim hörte der König, dass Albrecht von Mainz aus nach Alzei gezogen sei, um des Königs Schwiegersohn Ruprecht zu überfallen. Adolf brach auf, um ihm zu helfen, kam aber leider zu spät. Noch vor der Burg berichtete ihm ein Schäfer an der Heerstraße, dass die Burg bereits verwüstet sei.

»Kann ich mich auf deine Aussage verlassen?«, wollte der König von dem Schäfer wissen. »Immerzu«, sagte der Schäfer, »wenn Ihr mir aber nicht glauben wollt, so zieht nur hin und Ihr werdet die noch rauchenden Trümmer der Burg Alzei schauen, den Mordbrenner aber nimmer dort antreffen, da er bereits den Weg nach der Gegend des Donnersberges eingeschlagen hat.«

»Da wollen wir ihn aufsuchen«, sagte der König. »Ich will nicht ruhen, bis ich ihn gefunden habe, der mir streitig machen will, was mir von Gott und Rechts wegen zusteht. Du hast mir einen guten Dienst getan mit deiner Kunde. Willst du mir noch einen zweiten tun, so soll es dir wohl belohnt werden.«

»Sagt nur, was Ihr wünscht, mein Herr und König«, sprach der Schäfer, »und wenn ich Euch mit meinem Blute dienen könnte, es soll geschehen. Doch nicht bloß, weil Ihr mein Herr und König seid, sondern weil ich Euch von früher her kenne. Ich weiß noch gut, wie Ihr vor vielen Jahren bei meinem Herrn Werner von Falkenstein Leibknappe gewesen seid, zusammen mit einem Junker aus dem Frankenland. Da habt ihr beide mir als einem geringen Reitersbuben manche Guttat erwiesen, die ich nimmer vergessen will.«

»So will ich dir umso mehr trauen«, sagte der König, »wenn du jener Wendelin bist, der schon damals mir und meinem Waffenbruder, Gottfried von Hohenlohe, manchen treuen Dienst erwiesen hat. Gekannt hätte ich dich allerdings nimmermehr, denn du bist alt und grau geworden.«

»Glaube es wohl«, lachte der Schäfer, »ich habe keine so guten Tage gehabt wie Ihr, habe mich, seit ich die Burg Falkenstein verlassen habe, kümmerlich und schwer durch die Welt schlagen müssen. Am Ende habe ich es zu nichts als zu diesem elenden Schäferstab gebracht, während Ihr ein großer Herr und König geworden seid, der eine goldene Krone und das Zepter trägt.«

»Und doch nicht so glücklich ist, wie du meinst, denn dich feindet niemand an wegen deines Stabs, aber ich habe einen Todfeind gewonnen, der mir nach Zepter und Leben trachtet. Doch ich verzage nicht, so lange es gute Herzen gibt wie deines, und ich treue Vasallen habe, wie den, welchen du eben genannt hast, meinen Herzensfreund im Frankenland, am Ufer der Tauber.«

»Ja, dort sitzt Euer Jugendgenosse«, bemerkte der Schäfer, »auf einer Burg, nahe bei der Stadt Mergentheim, und heißt Herr Gottfried von Hohenlohe. Habe ihn einmal dort besucht, und er hat mich leichter erkannt als Ihr, mein Herr und König.«

»Zu dem nun, meinem alten Freund und Waffengefährten, sollst du alsbald mein Bote sein und ihn gemahnen seiner Treue. Er soll sich sputen mit seiner Hilfe und statt ins Elsass, wie ich ihm in den letzten Tagen entboten, hierher in die Gegend des Donnersberges eilen. Vor der Burg Bolanden, dem Stammsitz der Falkensteiner will ich mein Lager aufschlagen und seiner harren, aber nur einen Tag und eine Nacht. Nimm das beste meiner Pferde und eile, auf dass du an Ort und Stelle kommst, denn es tut Not. Meines Königlichen Dankes darfst du gewiss sein.«

Schnell ließ der König dem Schäfer eines seiner besten Pferde vorführen. Der treue Wendelin warf seinen Stab weg und bestieg das schon lange nicht mehr gewohnte Ross so keck und gewandt, als ob er immerdar zu Pferde gesessen wäre. Seinem Hund, der verwundert zu seinem Herrn hinaufsah, rief er zu: »Wächter, geh‘ nicht von den Schafen und halte sie fein zusammen!« Darauf sprengte er von dannen dem Rhein zu und von da über den Odenwald nach der Tauber. Am Morgen hatte er den König und sein Heer verlassen, in der Früh am folgenden Tag ritt er bereits in das Tor der Stadt Mergentheim, gerade zu der Stunde, als Gottfried von Hohenlohe dort ankam, um in das Elsass mit seinem Fähnlein zu reiten. Der Bote kam also gerade noch recht, um dem Zuge eine andere Richtung zu geben und ihn zu mahnen, weder Menschen noch Pferden Rast zu gönnen, um noch zu rechter Zeit den König und sein Heer zu erreichen. Wenn je eine Fahrt in Eile und mit aller möglichen Anstrengung geschehen ist, so war es diese. Gottfried von Hohenlohe gönnte Menschen und Tieren keine Rast.

Nur einmal, vor dem Kloster Amorbach, wurde gerastet, um Menschen und Pferde zu tränken und zu speisen. Vor Worms wurde noch eine kleine Rast gehalten, bevor es über den Rhein ging, da war es bereits über Mitternacht hinaus. Dann ging es in schnellem Traben dem Donnersberg zu.

Mittlerweile war der König bereits unter der Burg Boland angekommen und hatte dort sein Lager aufgeschlagen. Hier musste er längere Rast halten. Bis ins Tal dehnten sich die Lagerzelte aus. Kaum eine Meile von ihm entfernt, auf den in das Tal hinabziehenden Hügeln des Donnersbergs, lag Herzog Albrecht, der Gegenkönig mit seinem Heer. Kundschafter hatten dem König dies berichtet. Er wollte sich selbst davon überzeugen und wählte dazu die Nacht des Rasttages. Er kannte aus jungen Tagen noch alle Wege und Stege in der Herrschaft Bolanden und Falkenstein und kannte den Donnersberg wie kein anderer. Nur sein Schwiegersohn Pfalzgraf Rudolf und sein Sohn Rupert sollten den König begleiten dürfen.

Eine Stunde nach Mitternacht, während alle noch im Schlafe lagen, brachen die drei auf, umbanden den Rossen die Hufe mit Linnen, damit sie desto leiser trabten, ritten hinab in das Tal und dann das Tal aufwärts der Gegend zu, wo Herzog Albrecht nach dem Bericht der Kundschafter sich gelagert haben sollte. Kaum waren sie eine Stunde geritten, so vernahmen sie den Hufschlag von Pferden, zuerst dumpf, dann näher und näher. Bereits dämmerte es. Jetzt waren die Begegnenden auf Speeresweite herangekommen. »Macht euch bereit!«, rief der König rückwärts, »legt eure Speere ein, wir sind verraten.« Mit diesen Worten legte er seine starke Lanze an die Mähne seines Rosses und galoppierte dem Gegner entgegen. Der hatte auch nicht gesäumt und bei Zeit seinen Speer unter den Arm gefasst. Keiner der beiden konnte den Gegner genau erkennen, es war also Zufall, wenn einer den andern traf. Aber das Glück war diesmal auf der Seite des Gegners, wenn auch kein ungetrübtes. Sein Speer traf den König so gewaltig mitten auf die Brust, dass er sich nimmer in dem Sattel halten konnte, aber des Königs Speer hatte das Pferd des Gegners so heftig auf den Fürburg getroffen, dass es sich aufbäumte, einen Seitensprung machte und seinen Reiter aus dem Sattel warf.

Da lagen sie nun auf dem Boden, der Sieger wie der Besiegte, und mit dem Letzteren stand es noch besser als mit dem Ersteren. Der König lag im Sand, wie es schon manchem ergangen, der im Turnier keinen Dank verdiente und richtete sich alsbald wieder auf, unter dem Beistand seiner Begleiter, aber dem Sieger war es in Folge seines Sturzes, als ob alle seine Rippen gebrochen wären. Auch ihn brachte, wohl mit viel Mühe der jugendliche Begleiter wieder auf die Füße. »Bei St. Georg!«, rief der Sieger, als er wieder neben seinem Pferd stand, das noch zitterte und bebte, »das war ein schlimmer Sturz.«

»So hat mich noch nie im Leben einer aus dem Sattel gestoßen als der Gottfried von Hohenlohe«, sprach ihm gegenüber der Besiegte.

»Der bin ich ja leibhaftig!«, rief der Sieger, »und Ihr seid mir auch ein Mann von bekannter Stimme.«

»Wenn du der Gottfried von Hohenlohe bist, so bin ich der Adolf von Nassau,« versetzte der König und ging auf seinen Freund zu, um ihn zu umarmen. In diesem Augenblick wurde es hell im Tal und das erste Tageslicht zeigte die innige Umarmung zweier Freunde, die auf recht unfreundliche Weise sich den ersten Gruß mit den Lanzen geboten hatten.

Nun erzählte Gottfried, wie er gedachte, den nächsten Weg über das Tal zu dem König zu nehmen, und dieser, wie er auf Kundschaft ausgeritten war und geglaubt hatte, einem Feind zu begegnen.

»Da bin ich dir jetzt der beste Wegweiser zum Lager deines Freundes«, sagte der König. »Lass uns alsbald wieder zu Pferde sitzen.« Kaum waren sie aufgesessen, so war das Banner von Hohenlohe mit Rittern und Reisigen herbeigekommen. Unter den Ersten ritt Schäfer Wendelin. Der König drückte ihm innig die Hand. »Mein lieber Getreuer, wenn die Schlacht vorüber ist, welche wir heute oder morgen zu schlagen gedenken, so will ich meine Schuld gegen dich begleichen. Jetzt sei aber schon mein Leibross dein eigen.«

»Da bin ich Euer Schuldner, mein Herr und König«, entgegnete Wendelin, indem er sein Haupt tief verneigte. »Ich sage Euch tausend Dank, dass Ihr mir wieder auf ein Pferd geholfen habt. Jetzt lebe wohl, Schäferstab und Herde. Seitdem meine Schenkel wieder die Lenden des Gauls berühren, bin ich mit Leib und Seele wieder ein Reiterbub geworden und wenn Ihr mich annehmt zu Eurem geringsten Reiterknecht, so bin ich der Glücklichste aller Menschen. Ihr sollt an mir einen treuen, wenn auch alten Diener haben, der nimmer von Eurer Seite weicht.«

»Was wird aber dein Wächter dazu sagen, der deiner noch in Treue hart? Und was die Herde, der du bisher ein so guter Hirte warst?«

»Die wird leicht einen Herrn finden«, versetzte Wendelin. »Es darf nur eine Schar von Eures Gegners Leuten jenes Weges ziehen, wo sie steht. Mein Wächter, wenn er mich wittert, wird aber bei mir sein, bälder als bald.«

»Nun, so sei mein Diener und reit hinter mir her«, sprach der König und indem er sein Ross wendete, rief er den neuen Ankömmlingen zu: »Vorwärts, ihr lieben Freunde und Genossen, dem Lager zu, denn mit dem Reiten auf Kundschaft ist es aus für heute.«

Eine kurze Strecke waren sie geritten, da ging es einen Hügel aufwärts. Auf einmal blickte ihnen die Burg Bolanden entgegen und auf ihrer höchsten Zinne wallte im Sonnenglanz das stattliche Banner des Deutschen Reichs. »Das dort«, rief der König zu seinem Freund Gottfried von Hohenlohe gewandt, »sollst du in der Schlacht führen, dir soll es anvertraut sein und keinem anderen. Du wirst es ritterlich tragen im Kampf um meine Krone, zum Sieg oder zum Tod.« »Das soll ein wahres Wort sein, mein Herr«, entgegnete begeistert der von Hohenlohe. »Dazu helfe mir Gott, dass ich es würdig tragen möge zu Euren Ehren und des Reiches Ehren.«

Die Schlacht

Am 2. Juli des Jahres 1298, dem heißesten Tag des ganzen Jahres, standen die beiden feindlichen Heere einander gegenüber. König Adolfs Heer zählte nur 14.000 Streiter, während die Streitmacht des Gegenkönigs aus 24.000 geübten Kämpfern bestand. Eine Stätte unweit des Städtchens Göllheim, das gegen Südost im äußersten Winkel des Talkessels gelegen, war von beiden Gegnern als Platz für den Kampf um die Königskrone ausersehen worden.

In drei Heerhaufen hatte König Adolf seine Streitmacht eingeteilt. Die Vorhut aus Pfälzern, Bayern und Franken führten Pfalzgraf Rudolf und Herzog Otto von Bayern. Das Mitteltreffen bestand aus seinen getreuen Nassauern, den Männern vom Rhein- und Nahe-Gau sowie aus Schwaben, Elsässern und Schweizern. Diese Schar führte er selbst mit seinem Sohn Rupert. Die Nachhut übergab er dem Herrn von Isenburg, seinem Marschall. Dem König zur Linken hielt der kühne Rechberger das Löwenbanner des Nassauer Hauses. Das Hauptbanner mit dem Reichsadler trug der biedere Gottfried von Hohenlohe zur Rechten des Königs. Hinter dem Vater ritt Götz, sein Sohn.

Ebenso wie König Adolf hatte Albrecht von Österreich sein Heer in drei Gruppen aufgeteilt. Ins Vordertreffen stellte er seine Männer aus Kärnten und der Steiermark unter Anführung Herzog Heinrichs von Kärnten. Im Mitteltreffen standen seine Vasallen aus Österreich sowie seine Reiter aus Böhmen und Ungarn. Die Nachhut bildeten seine Männer aus Schwaben, Franken und vom Rhein. Die Sturmfahne mit dem weißen Kreuz auf rotem Feld übergab Albrecht dem edlen Grafen von Ochsenstein, das Banner von Österreich aber seinem tapferen Hofmarschall.

Herzog Albrecht von Österreich hatte nur den Harnisch eines gewöhnlichen Ritters angelegt und einen Helm ohne Zeichen und Kleinod aufgebunden. Er wollte absichtlich vor den Feinden unkenntlich sein. Mehrere seiner Vasallen trugen jedoch fürstliche Wappenröcke. Dagegen erschien König Adolf in königlicher Rüstung mit Brünnen und einem mit der Königskrone geschmückten Helm.

Ehe die Schlacht begann, ritten die beiden Heerführer vor ihre Heerhaufen, um sie zum Kampf anzufeuern. König Adolf, sich auf seinem Pferd hoch erhebend, rief mit gewaltiger Stimme: »Stehe ich hier als ein gemeiner Rittersmann oder als ein König? Da drüben ist einer, der sich auch einen römischen König nennt, ich weiß also nicht, wie ich euch nennen soll, so lang es ungewiss ist, ob ihr den Feind oder den König des Reichs unter euch habt. Aber so viel weiß ich, dass jener euch ebenso hasst, wie mich selbst, dass er unseren Untergang sucht, und wir also miteinander siegen oder sterben müssen. Bisher hat dieser neue König seinen Kriegsruhm in der Flucht behauptet, heute endlich wagt er es, im offenen Felde gegen uns zu stehen. Der Feige wird mutig aus Scham, da ihn der Hochmut treibt. Sein Dünkel sucht Rache, weil er wähnt, die Reichskrone sei ein Erbgeschenk von seinem Vater, wie der Herzogshut von Österreich. Aber ich will nicht leben, so er nicht bald wieder ein Graf von Habsburg werden, oder noch weniger sein soll. Und wer hat ihn gegen uns geschickt? Die, so mich vor sieben Jahren selbst gewählt haben, aber nur einen Schattenkönig wollten, damit sie in seinem Namen die Herrschaft führen. Allein sie sollen kommen, die Meuterer! Das Verderben wird auf ihren eigenen Kopf fallen. Drüben im feindlichen Lager sind sie, meine und eure Widersacher. Ihre Zahl ist groß, aber desto größer auch die Ehre und umso reicher die Beute, die uns zu Teil wird. Lasst die Banner fliegen für Ehre und Recht! Bis jetzt habt ihr die Feinde nur gejagt, heute sollt ihr sie erschlagen. Auf und voran!«

Während der König zu den Seinen redete, richtete auch Herzog Albrecht sein Wort an seine Heerschar: »Ich bin der Mahnung der Wahlherren gefolgt, weil mich in ihr Gottes und des Reichs Stimme ins Feld ziehen hieß. Ich könnte zu Haus der Ruhe pflegen, denn ich hatte der Ehre und des Reichtums genug. Auch hätte ich schon mehrmals an dem, der mich so oft beleidigt hat, Rache nehmen können. Allein ich mochte es nicht, weil er mein Herr und König war. Jetzt aber bin ich durch Fürstenwahl und Gottes Vorsehung zu seinem Herrn gesetzt und soll das Reich von seiner Tyrannei erlösen. Schändung, Mord, Brand und Raub, und die Ausplünderung unserer Klöster und Gotteshäuser, alles das wird die Folge sein, wenn er Sieger bleibt. Er wird die Reichslande zu seinem Eigentum machen und jeden, der sich dagegen wehrt, seinem Henker übergeben. Liebt ihr daher euch selbst, die Euren und euer Land, so zeigt heute, wer ihr seid und eilt zum Sieg!«

Schon in der Frühe des Tages rückten beide Heere aus ihrem Lager. Herzog Albrecht führte seine Scharen über den großen Wiesenplan bis zu dem Hasenbach. Von der anderen Seite, über Marnheim zog der Vortrab des Königs heran und rückte bis zum Dorf Dreisen vor. Da erfuhr der König von seinen Plänklern, dass der Feind, ehe er noch recht angerückt war, schon wieder im Rückzug begriffen sei, und zwar in Folge eines Zwistes, den der Herzog mit dem Erzbischof von Mainz gehabt hatte. Das war dem König erwünscht. Alsbald ließ er schneller vorrücken und nun bestätigte sich die Kunde vom Rückzug, denn man sah die Zelte des feindlichen Lagers in Flammen stehen.

Doch dieser Rückzug des Herzogs war nur ein verstellter. Es war eine Kriegslist, die ihm der Erzbischof von Mainz eingeredet hatte. Auf diese Weise sollte Adolfs Vorhut in die Falle gelockt und vernichtet werden, ehe noch dessen Hauptmacht angelangt wäre. Von den Höhen herab, auf die sich die Österreicher zurückgezogen hatten, konnten sie, wenn sie sich schnell wendeten, mit ihrer Reiterei einen mächtigen Stoß gegen die Königlichen führen, denen durch die mühsame Bewegung bergaufwärts der Angriff erschwert war. Tatsächlich befahl auch der König, die Vorhut des Gegners zu verfolgen. Alsbald sprengten der Pfalzgraf Rudolph und Herzog Otto mit ihren Mannen voran, als sie aber bis an den Fuß des Hasenbühls kamen, der nach Südosten das Tal begrenzte, da wandten die Österreicher ihre Rosse und stellten sich in Schlachtordnung. Stutzend hielten die Königlichen ihre Rosse an. Jetzt erst erkannte der König, der in eigener Person, und mit ihm Gottfried von Hohenlohe, dem Vordertreffen folgte, dass ihn sein Gegner durch eine Kriegslist getäuscht hatte. Zugleich sah er, dass des Gegners Macht die seinige übertraf, denn immer neue Scharen wurden auf der Höhe sichtbar und es schien, als ob Leute aus dem Hasenbühl herauswüchsen. Der König wandte sich zu seinem Freund, der neben ihm das Reichsbanner hochhielt: »Rate mir, mein Freund, was wir tun sollen? Der Gegner hat mich überlistet und in eine Falle gelockt.«

Gottfried erwiderte: »Letzteres habe ich geahnt, mein hoher Herr, als wir die Kunde erhielten, dass er rückwärts gewichen, und mein Rat war, zu warten, bis er wiederkehrt. Doch Ihr seid Eurem ungestümen Mut gefolgt und habt Euch nicht halten lassen. Nun ist freilich guter Rat teuer.« »Wenn wir rückwärts gehen«, sprach der König, »so sind wir alle verloren und streiten wir, so weiß nur Gott des Kampfes Ausgang.«

»Allerdings sind wir verloren«, entgegnete der Bannerträger, »wenn wir rückwärts gehen, denn dann wird des Gegners Macht von oben auf uns drücken und wir werden vernichtet. Das kann nicht Euer Willen sein, Ihr habt es noch nie getan, solange Ihr zu Kampf und Streite geritten seid. Auch wäre es zu spät, da wir schon zu weit vorgerückt sind. Darum streiten wir, so ist meine Meinung, und vertrauen auf Gott, der ja immer mit dem Recht gewesen und der das Recht besitzt, das seid Ihr. Also vorwärts mit Gott, der uns Kraft geben wird zum Sieg. Ich trage das Banner vor, mein Herr und König und wäre es zum gewissen Tod.«

Da fasste der König die Hand des Freundes und drückte sie innig. »Du Treuester der Getreuen, es bleibt dabei, wir rücken vorwärts, zum Siegen oder zum Sterben. So wollen wir alle miteinander alles wagen! Mich verlangt nach dem Schwertkampf – blast auf, ihr Trompeter! Dass der Kampf beginne! Sofort erklangen die Trompeten des Heeres und nach wenigen Augenblicken wurde der Klang von der gegenüberstehenden Schlachtordnung der Österreicher erwidert. Dann erhob sich ein mächtiges Kriegsgeschrei von beiden Heeren, dass es laut in den Tälern und Klüften widerhallte. Es war zwischen der achten und neunten Stunde.

Die Ersten, welche mit eingelegter Lanze den Hasenbühl hinanstürmten, das waren die Pfälzer unter dem Grafen Rudolph, aber der tapfere Herzog Heinrich von Kärnten fiel mit denen von Kärnten und der Steiermark von der Höhe auf sie herab und durchbrach mit gewaltigem Stoß ihre Reihen. Viele wurden niedergerannt, viele zurückgedrängt. Herzog Heinrich griff im Tal die noch festgeschlossenen Bayern an, aber ohne Erfolg. Im Gegenteil trieben die Bayern nach kurzem Kampf ihre Gegner in wilder Flucht auf die Höhen zurück. Auch die Pfälzer drangen wieder voll Erbitterung mit solcher Heftigkeit vor, dass sie einen zweiten feindlichen Schlachthaufen, der vom Berg kam, zurückwarfen und das Feld behaupteten. Jetzt entbrannte der wildeste Kampf, man warf die Lanzen weg und focht mit den Schwertern. Mit Lust schaute König Adolf vom Mitteltreffen aus auf die kämpfende Vorhut, an deren Spitze Pfalzgraf Rudolf und Herzog Otto wie die Löwen stritten. Da fasste auch ihn die Streitlust, er rief mit glühendem Angesicht seinem Freund zu: »Hörst du, wie die Schwerter sausen? Und schau, wie der Pfalzgraf und der Herzog in ihre Feinde hauen! Wie wär's, wenn auch wir dorthin sprengten?«

»Wohl«, entgegnete Gottfried von Hohenlohe, »höre ich's und schaue ich's, ja ich hoffe, dass die Unsrigen siegen. Ich will die Hauptschar ihnen zuführen, um sie zu stärken. Aber Ihr bleibt, wo Ihr seid, mein Herr, wenn Euch Euer Getreuester raten darf. Mit dem Reichsbanner bring ich euch, in ihm sehen sie des Reiches Haupt.«

»Reit zu, reit zu!«, rief der König, »aber ich muss auch dorthin. Ich kann nicht bleiben. Es reißt mich in den Kampf.«

»Gott schütze Euch, wenn Ihr meinen Rat verschmäht.« Dies sprechend sprengte Gottfried mit seinem Sohn vom Platz und trug das fliegende Reichsbanner in die Mitte der Kämpfenden. In demselben Augenblick trieb auch der König sein Ross mit den Sporen an und rannte zunächst hinter seinem Freund im schnellsten Ritt dem Platz des Kampfes zu. Ihm folgten sein Sohn und die ganze Hauptschar. Aber auf einmal stürzte sein Pferd im Wiesengrund. Den vom Fall Betäubten nahm ein alter Reisiger unter die Arme und trug ihn, unterstützt vom Sohn des Königs, hinter die Hauptschar. Kaum hatte sich aber der an Haupt und Gliedern verwundete König von seiner Betäubung erholt, so rief er wieder nach seinem Pferd. Er sah, wie der Feind durch neu herangezogene Scharen seine Vorhut bedrängte, wie das Reichsbanner in der Hand seines Freundes bald hoch, bald nieder schwebte. Er hörte nicht auf das Flehen seines Sohnes, entwand sich den Armen des alten Reisigen – das war der treue Wendelin – und schwang sich voll Erbitterung und Ungeduld auf sein Pferd, das ihm treulich gefolgt war. Mit unbedecktem Haupt, denn er hatte wegen der glühenden Sonnenhitze seinen Helm abgetan und an den Sattelknopf gehängt, und das blanke Schwert in der Faust, ritt er in den Kampf. Dort hatten die Österreicher inzwischen wieder einigen Vorteil, denn mit ihren Schwertern, die sie mehr zum Stoß als zum Hieb gebrauchten, hatten sie bereits viele Rosse der Königlichen gefällt und ihre Reiter auf die Füße gesetzt. Selbst Pfalzgraf Rudolf und Herzog Otto kämpften zu Fuß. Als aber König Adolf heranstürmte wie ein Löwe, da stäubten die Feinde auseinander, wie die Spreu vor dem Wind. Zu dem König gesellte sich alsbald Götz von Hohenlohe und ließ wie zum Schutz seines teuren Hauptes das Banner über ihm wehen, als ob er die Gefahr seines Herrn geahnt hätte.

Bald hatten sich die Feinde aufs Neue gesammelt und zur Gegenwehr geschlossen. Ein Ritter, der Herzog Albrechts Wappenrock und Abzeichen trug, fiel den König an, aber ein Schwertstreich hieb ihn von seinem Ross. Einem zweiten Ritter, der mit den gleichen Abzeichen auf den König anrannte und einen Hieb gegen sein Haupt führte, schlug Gottfried von Hohenlohe mit solcher Kraft das Schwert aus der Hand, dass es seinen Besitzer selbst noch schwer am Kopf verwundete. Als Adolfs Manner sahen, wie ihr Herr und König alle Angriffe tapfer abwehrend, in die Feinde eindrang, stürmten alle desto begeisterter unter die Feinde und glaubten bald Sieger zu sein.

Aber die Feinde wurden mehr und mehr verstärkt, denn von den Höhen kamen immer neue Scharen herab und aus den Tälern rückten neue Kämpfer an. Endlich fiel noch eine starke Macht, die im Hinterhalt lag, den Königlichen in die Flanke. Da kam Verwirrung in das Heer des Königs und es wandte sich zur Flucht. Nur der König mit seinen Freunden und denen, die ihn zunächst umgaben, hielten noch stand. Aber sie waren von allen Seiten umzingelt. Alle fochten in wilder Verzweiflung, besonders der König, denn die große Gefahr hatte noch mehr seinen trotzigen Mut entflammt. Furchtbar wütete sein Schwert im Getümmel und doch traf sein unbeschütztes Haupt kein verderblicher Schwertstreich, denn der treue Freund deckte es liebend mit dem Banner und mit seinem Schwert schlug er manchen Hieb zurück, der das Leben des königlichen Freundes bedrohte.

Doch er blieb nicht unter dem Schirm des Freundes. Während Götz von Hohenlohe sich nach seinem Sohn umsah, der eben durch eine feindliche Schar von ihm getrennt wurde, ließ er einige Augenblicke den König außer Acht. Der hatte sich schnell durch den Knäuel der Feinde Bahn gebrochen und suchte, stets angreifend und abwehrend, nur seinen Todfeind Herzog Albrecht. Als er ihn endlich an der Landstraße haltend erblickte, spornte er zornig sein Ross gegen ihn an und rief mit donnernder Stimme: »Heute entgehst du mir nicht, du meineidiger Vasall! Hier sollst du Reich und Leben lassen!«

»Das steht in Gottes Hand!«, war Albrechts Antwort.

König Adolf führte einen gewaltigen Streich auf den Herzog, aber dieser wich ihm geschickt aus und erwiderte den Hieb. Er traf ihn mit seinem Schwert ins Auge, dass ihm auf einmal Sehen und Hören verging. Zugleich führte der Wild- und Raugraf einen so mächtigen Hieb auf das unbewehrte Haupt des Königs, dass er schwer verwundet von seinem blutenden Ross auf die Erde sank. Das sah von Ferne Gottfried von Hohenlohe. Schnell riss er sein Pferd herum, achtete nimmer auf seinen Sohn, und eilte spornstreichs zu der Stätte, wo der König soeben vom Pferd gesunken war. Doch er kam zu spät. Eben hatte ein feindlicher Reisiger dem König den Todesstoß gegeben. Nur noch rächen konnte er den Tod seines Freundes und seinen Leichnam schützen. Das Banner hoch in den Händen haltend, sprang er vom Ross. Den Reisigen, der eben noch einen zweiten Stoß führen wollte, um seiner Sache gewiss zu sein, hieb er mit einem Streich nieder und dann warf er sich über den sterbenden König, der nimmer reden konnte, aber noch liebevoll auf ihn das Auge richtete.

Aber jetzt hatte Gottfried einen heißen Kampf zu bestehen. Es galt den Leichnam und das Banner zu schirmen. Wohl war Herzog Albrecht mit dem Rau- und Wildgrafen schnell von dannen geritten, als sie den ritterlichen König gefällt hatten, aber eben so schnell war eine feindliche Schar da, welche nach Beute verlangte, die sie bei dem Gefallenen zu finden hofften. Die Gierigen wurden mit bösen Schwertschlägen empfangen, die ihnen der treue Bannerherr reichlich darreichte. Da und dort flogen unter seinen Hieben Hände und Arme vom Leib, die nach dem güldnen Harnisch des Königs oder nach dem Reichsbanner sich ausstreckten. Manche aber traf er mit seinem scharfen Schwert, dass sie ganz und gar keine Lust mehr hatten, etwas vom Gewand und

Schmuck des Königs als Beute nach Hause zu bringen. Nur einem einzigen kühnen Reisigen aus der Steiermark gelang es, dem treuen Bannerherrn, der mit der Rechten von dem teuren Leichnam alle Angriffe abwehrte, aus der Linken das Banner zu entwenden. Doch der Gegner gewann es bloß halb, denn während er den Schaft fasste, griff Gottfried nach der goldgewirkten Fahne und riss sie von dem Schaft los, also dass dem Feind nur die Stange in den Händen blieb, mit der er davonlief. Aber während der Bannerherr mit diesem Gegner sich raufte, fielen drei andere Reisige über den Leichnam des Königs her und rissen ihm den goldenen Panzer samt Beingewand sowie den Wappenrock von Seide und Schwertgurt vom Leib.

Das blieb ihre Beute, aber nicht so ging es mit dem Schwert, das der tote König noch fest in der krampfhaft geschlossenen Rechten hielt. Gerade wollte ein roher Kriegsknecht, weil er die Waffe nicht aus der Hand zu zerren vermochte, einen Streich nach der Hand führen, um so den Schwertknauf freizumachen. Aber der Bannerherr hieb ihm den rechten Arm bis an die Achsel vom Leibe, dass ihm für immer die Lust nach dem Schwert des Königs verging. Gern wäre Gottfried von Hohenlohe den drei Reisigen nachgeeilt, die den König beraubt hatten, aber er musste jetzt darauf bedacht sein, dass dieser teure Leichnam in seiner Nacktheit und Blöße nicht dem Gespött der Feinde und den Hufen der wild über die Stätte rennenden Rosse preisgegeben würde. Schnell wickelte er die golddurchwirkte Fahne um den geliebten Herrn, nahm ihn, den Helden von starkem breitem Körperbau, auf seine Schulter, und trug ihn durch das Getümmel der Schlacht, um ihn in Sicherheit zu bringen. Nicht fünfzig Schritte war er mühsam durch Tote und Sterbende gegangen, da stieß sein Fuß an ein blondlockiges, jugendliches, bluttriefendes Haupt. Das Angesicht war gegen den Boden gekehrt. Der Bannerherr hielt an, eine schwere Ahnung zog durch sein Herz, er bückte sich nieder und kehrte das Angesicht des Gefallenen. Wie erschrak er. Der Gefallene war sein eigener Sohn, dem kaum vor einer Stunde noch in einem hartnäckigen Kampf mit einem gewaltigen Gegner das Haupt gespalten worden war. Gottfried von Hohenlohe brach zusammen vor übergroßem Jammer und Leid. Der Leichnam des Königs glitt von seiner Schulter und er sank an dem Haupt seines Sohnes nieder. Er drückte es an sich und bedeckte das mit Blut überströmte Gesicht mit seinen heißen Küssen. Aber bald raffte er sich wieder auf, denn er hörte und sah, wie eine neue Schar raubgieriger Trossbuben daherrannte, die entweder auf seinen gleißenden Helm, Harnisch oder Waffen ihre Absichten richteten. Er lud aufs Neue den toten Freund auf seine Schulter und hielt ihn mit der Linken, mit der Rechten fasste er den jugendlichen Sohn um den Leib, um beide an einen sicheren Ort zu bringen. Er versuchte einige Schritte vorwärtszugehen, aber die doppelte Last wurde ihm zu schwer. Da ließ er den Sohn auf den Boden gleiten, kniete nieder und rief weinend, indem er dessen bleiches Haupt noch einmal ans Herz drückte und küsste: »Möge mir Gott verzeihen, dass ich dich, mein liebes Kind, mein Fleisch und Blut, liegen lassen muss. Ich muss meinen Herrn und König retten, denn er soll nicht verunehrt und verhöhnt werden von rohen Knechten.« Wieder ging er einige Schritte vorwärts, aber die eine Last war ihm auf einmal so schwer wie zwei. Er brach aufs Neue zusammen und sank mit dem Leichnam auf den Boden nieder. Es war diesmal nicht die Schwere der Last, die ihn niederdrückte, sondern eine Schwäche in Folge des großen Blutverlustes, der ihm erst jetzt fühlbar wurde. Hatte der treue Bannerträger viele Wunden geschlagen und manchen in das Gras gebettet, auch er hatte viele und tiefe Wunden empfangen, aus denen bisher das Blut geronnen war. Indem er zu Boden sank, wurde es dunkel um seine Augen.

Das Schlachtfeld

Die Überlegenheit der feindlichen Kriegsmacht und die vorteilhaftere Stellung, welche der Gegenkönig eingenommen hatte, entschieden über den Sieg. Zwar hatten die Getreuen des Königs ritterlich gekämpft, doch erfüllte die Kunde von seinem Fall so sehr mit Wut und Schmerz, dass viele den Tod suchten, weil sie ihren Herrn nicht überleben wollten. Nur wenige von Adolfs Heer retteten sich durch die Flucht. Am längsten hatte Pfalzgraf Rudolf und der Bayernherzog Otto gegen die Feinde, insbesondere gegen die Kärntner und Ungarn Stand gehalten. Erst als sie selbst stark verwundet waren, traten sie den Rückzug an. In geschlossenen Reihen und immer fechtend gelangten sie nach Worms, doch nur der kleinste Teil entrann dem nachsetzenden Feind. Die meisten wurden gefangen, so auch Rupert, der Sohn des gefallenen Königs. Erst nach hartnäckigem Kampf und aus vielen Wunden blutend hatte sich der Königssohn dem Feind ergeben.

Der Sieg des Gegenkönigs war vollständiger, als er hoffen konnte, aber er war auch mit schweren Opfern erkauft, denn viele Herren und Ritter, darunter der Graf von Ochsenstein, der Albrechts Banner trug, waren gefallen.

Sechs volle Stunden hatte die blutige Schlacht am Hasenbühl gedauert. Albrechts Freude und Jubel kannte keine Grenzen. Als die Abendsonne über das mit Leichen übersäte Schlachtfeld strahlte, ritt der neue römische König über den Kampfplatz. Auf seinem goldenen Helm prangte jetzt eine Königskrone. Mit ihm ritt der Erzbischof Gerhard von Mainz, der es klug so eingerichtet hatte, dass er gerade in der Zeit auf dem Schlachtfeld eintraf, als der Sieg für seinen neuen Freund entschieden war. An manchem tapferen Manne, den der Tod mit seiner Sense gemäht hatte, ritten die Herren vorüber, aber sie hielten bei keinem an, denn Albrecht suchte seinen Gegner, an dessen Fall er sein Auge weiden wollte. Als sie an die Stelle kamen, wo der König gefallen war, rief Albrecht: »Sehet da, ehrwürdiger Herr, hier fiel Euer Neffe, aber wo ist sein Leichnam?« Bei dieser Frage richtete sich die kräftige Gestalt eines gefallenen Kriegsknechts mit Anstrengung ein wenig in die Höhe und wandte das bleiche Antlitz dem neuen König zu. Er rief mit schwacher Stimme: »Den teuren Leichnam hat die Treue deinen Krallen und deinem Hohn entrissen, Kronenräuber. Auch du wirst enden, und früher, als du es ahnst, von Mörderhand, und kein treues Herz wird dir nahe sein.« Sein Auge blitzte vom letzten Feuer und seine erhobene zitternde Hand ballte sich zur Faust, während er sprach. Da strahlte sein Auge mit einem Male vor Freude auf, als ein großer, zottiger Hund auf ihn zusprang und seine Freude darüber kundtat, dass er seinen Herrn wiedersah. Der Sterbende schlang seine Arme um ihn und rief: »Oh du treuer, treuer Wächter.« Es war des Mannes letzte Freude im Leben, dass er seinen treuen Hund wiedersah. Mit der linken Hand hatte er eine tödliche Wunde zugedrückt, die nun, frei geworden, sein letztes Herzblut mit dem Leben aushauchte.

Zuvor schon war König Albrecht mit seinen Begleitern weitergeritten, denn der Ruf des sterbenden Mannes klang übel in seinen Ohren. Als die beiden Herren noch eine gute Strecke geradeaus geritten waren, kamen sie zu der Stelle, an der jener lag, den sie suchten. Es war gerade in der Zeit, als der treue Bannerherr ohnmächtig über dem Leichnam des Königs lag. »Da ist der, den wir suchen«, rief Albrecht, als er den Leichnam seines Gegners erblickte. »Aber wie bloß und armselig. Ich würde ihn kaum mehr erkennen, wenn er nicht noch sein Schwert, das er so gewaltig gegen mich geschwungen, in der Faust hätte. Und der ihn mit seinem Leib deckt, das ist der Bannerherr, der im Augenblick seines Falls noch zu seiner Rettung herbeieilte.« Kalt und gleichgültig sprach er diese Worte und keine Träne stand in den Augen des harten Mannes.

Einen anderen Eindruck machte der Anblick des toten Königs auf seinen Begleiter. Der sprang von seinem Ross, kniete nieder vor dem Leichnam und rief mit feuchten Augen, die zum Gebet gefalteten Hände über ihn haltend: »Hier ist das tapferste Herz gebrochen.« In diesem Augenblick erwachte Gottfried von Hohenlohe aus seiner Ohnmacht und richtete das Haupt langsam empor. Er hörte noch die Worte des Erzbischofs, den er schon seit früher Zeit persönlich kannte und sprach mit schwacher Stimme: »Jawohl, das tapferste und treueste Herz ist gebrochen, hochwürdiger Herr. Doch wer ist es, der die meiste Schuld daran trägt? Ich will niemandem einen Vorwurf auf dem Platz, wo der Tod alle Herzen aussöhnt, machen, aber wenn ihr Eurem Neffen, den Ihr einst so innig geliebt habt, noch eine Guttat erzeigen wollt, so schafft, dass seine irdische Hülle wohlbehalten von dannen gebracht wird und der Gesalbte des Herrn ein gebührendes Begräbnis bekommt, dort, wo seine Vorfahren im Reich ihre Ruhestatt gefunden haben.«

Der siegreiche Albrecht ergriff das Wort: »Im Dome zu Speyer, so meint Ihr wohl? Da wird nichts draus, guter Freund, wer Ihr auch sein möget, der ihr so treu und sorgsam den Leichnam des Mannes hütet, der mein Gegner gewesen ist, seit er durch einen Rechtsspruch des Thrones entsetzt wurde. Seit ich zu des Reiches oberstem Vogt und Herrn durch die Wahl der Kurfürsten erkoren bin, ist er wie ein anderer Mann und ihm gebührt kein Platz an der Ruhestätte der großen Könige. Würde sich nicht mein in Gott ruhender Vater im Grab umdrehen, wenn ein solcher Rebell gegen das Reich und die Fürsten an seine Seite käme? Darum haltet es noch für eine Gnade, wenn ich meinem Gegner ein ehrliches Begräbnis gönne und Euch erlaube, ihn an seinen Ruheort zu begleiten, von wo aus ihr dann ziehen könnt, wohin Ihr wollte, denn eigentlich wäret Ihr mein Gefangener. Ich schenke Euch jedoch die Freiheit, damit Ihr seht, dass ich Treue gegen einen Herrn zu schätzen weiß. Ihr, mein hochwürdiger Herr und Freund«, damit wandte sich Albrecht an den Erzbischof, »werdet Sorge tragen, dass der Leichnam meines Gegners alsbald von dannen gebracht wird. Den Ort, wohin sie ihn bringen, werdet ihr am besten bestimmen können. Aber kehrt schnell wieder, Ihr dürft dann nicht mehr von meiner Seite weichen, denn es könnte Euch zuletzt gar zu weich ums Herz werden im Anblick Eures Neffen, dass Ihr mir und meiner Sache auch noch untreu würdet. Ihr müsst mir das zugutehalten, hochwürdiger Herr, denn, wer einmal lügt, dem glaubt man nicht, so dem, der einmal Treue bricht«.

Ehe noch der Erzbischof zu Wort kommen konnte, gab er seinem Ross die Sporen und ritt hohnlachend davon. Ob ihm im stillen Lagerzelt am Abend des Schlachttags nicht das blasse Totenangesicht seines Gegners vor die Seele trat, ob es ihm wehmütiger wurde um das sonst so harte Herz, wir wissen es nicht. Aber sein höhnendes Wort gegen den Lebenden, gegen den mächtigen Kirchenfürsten, ging in Erfüllung. Er musste dessen Untreue und Rache erfahren, als derselbe kaum drei Jahre danach auf dem Königsstuhl den übermütigen Sieger des Königtums für verlustig erklärte, wie er seinem eigenen Neffen zuvor die Krone wieder vom Haupt gerissen hatte. Nun tat Gerhard doch noch etwas Gutes an seinem Neffen, denn er schuf ihm ein seinem Stande gebührendes Begräbnis, wenn auch nicht im hohen Dom zu Speyer, doch in den Hallen des ehrwürdigen Frauenklosters Rosental, das nur wenige Stunden vom Schlachtfeld entfernt lag. Noch am selben Abend führten vier Reisige des Bischofs den Leichnam auf einem Wagen dem Kloster zu. Als der Sarg in die Klosterkirche getragen wurde, ging mit entblößtem Haupt der Erzbischof neben Gottfried von Hohenlohe. Der nur aus vier rohen Brettern zusammengefügte Sarg wurde in einer Seitenhalle aufgestellt. Der Erzbischof verrichtete davor kniend ein Gebet für den Verstorbenen und kehrte noch in derselben Nacht zu König Albrecht zurück. Eine Bitte hatte Gottfried zuvor noch ausgesprochen: »Sorgt dafür, dass der Leichnam meines Sohnes, der nur wenige Schritte von dem Platz liegt, an dem Ihr mich mit Eurem Neffen gefunden habt, sicher und wohlbehalten vom Schlachtfeld getragen und durch meine Männer, von denen manche unter den Gefangenen des Königs Albrecht sind, in seine Heimat, nach Burg Neuhaus bei Mergentheim, zurückgebracht wird. Ihr erkennt leicht seinen Leichnam an dem Wappenrock, der die beiden Leoparden von Hohenlohe zum Wahrzeichen hat.

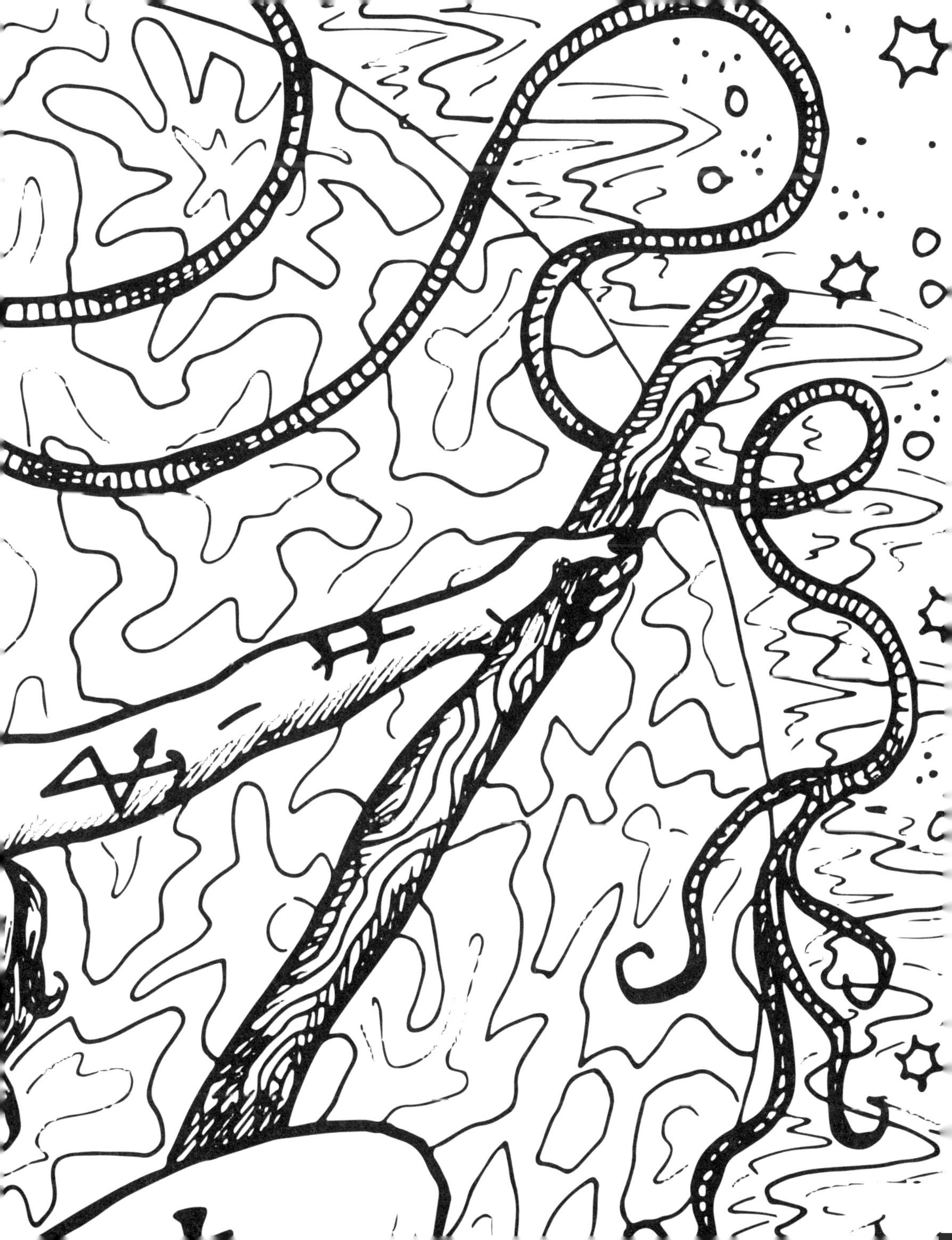

Ach! Erfüllt meine Bitte, hochwürdiger Herr. Ihr schafft dadurch großen Trost einem tiefgebeugten Vater und nicht minder einer Mutter, die, wenn sie auch den lebenden Sohn nicht mehr begrüßen kann, doch den Toten dann in ihrer Nähe hat. Ich kann nicht von dem Leichnam meines Herrn weg, bis drei Totenmessen über seinem Sarg gelesen sind.«

»Was meine Pflicht wäre, gegen den Neffen zu erfüllen, das tut Ihr. Darum will ich es auch vergelten, indem ich die sterbliche Hülle Eures Sohnes sicher und wohlbewahrt in die Heimat zurücksenden werde.«

»Habt zum Voraus meinen Dank, hochwürdiger Herr«, sprach der von Hohenlohe und drückte die Hand des Bischofs an sein Herz.

Tag und Nacht brachte Gottfried von Hohenlohe über dem offenen Sarg des Königs zu, bis die drei Totenmessen vorüber waren. Am Abend des dritten Tages, kurz vor der Versenkung des Leichnams in das Grabgewölbe, trat er an den Sarg und beugte sich über den Leichnam. Er schnitt eine Locke vom Haupt des Freundes, welche er unter seinem Lederwams verbarg, drückte noch einen Kuss auf die blasse Stirn und wandte sich mit tränendem Auge ab. Mit tief gesenktem Haupt schritt er aus der Kirche und trat noch am selben Abend seinen Rückweg in die fränkische Heimat an, nicht, um die Seinigen wiederzusehen, denn er konnte ja nicht mehr an der Seite seines Sohnes heimkehren, sondern um der Welt und allem Irdischen zu entsagen und in der stillen Klosterzelle seine Lebenstage zu beschließen.

Wer hätte gedacht, dass der König, der an diesem Tag so ärmlich in das Grab versenkt wurde, nach zehn Jahren in der Königsgruft zu Speyer feierlich begraben werden würde, wo er neben Rudolf von Habsburg eine Ruhestätte und friedlich neben seinem Gegner ruhen würde.

Der Königssohn Rupert, der seinen Vater im Kampf auf Leben und Tod nicht verlassen wollte, hatte noch ritterlich gekämpft, als der teure Vater gefallen und die Schlacht bereits verloren war. Mit dem Schwert in der Hand wurde er gefangen und mit vielen anderen, die dasselbe Los hatten, in Haft genommen. Als die traurige Kunde nach Wiesbaden kam, wo des gefallenen Königs Gemahlin Imagina von Limburg ihren Haushalt hatte, da war sie doppelt betrübt, denn weder Gemahl noch Sohn kehrten in ihre Arme zurück. Sie verbrachte jedoch ihre Zeit nicht mit Weinen und Wehklagen, sondern versuchte, ihren Sohn aus seiner Haft zu erlösen. Sie eilte nach Nürnberg, wohin sich König Albrecht nach der Schlacht begeben hatte. Im schwarzen Trauergewand trat sie vor die Stufen des Thrones, auf dem Albrecht mit seiner Gemahlin Elisabeth saß und flehte die edle Elisabeth um Fürbitte bei ihrem Gemahl an, damit er ihren in Fesseln liegenden Sohn Rupert freigebe. Zwar unterstützte Elisabeth die Bitte der flehenden Mutter, aber der gab mit kaltem Herzen und rauer Stimme die Antwort: »Euer Sohn ist in der Gewalt des Erzbischofs von Mainz. Will ihn dieser zurückgeben, so ist es seine Sache.« Da bat und flehte Imagina noch einmal Elisabeth an und schloss mit den Worten: »Schafft mir mein Kind, damit Euch Gott an Eurem Gemahl nicht das Leid widerfahren lässt, das ich an dem meinigen erlebt habe.« Elisabeth ahnte nicht bei diesen Worten der tiefgebeugten Witwe und Mutter, dass ein noch größeres Leid über ihr Herz ergehen und ihren Gemahl ein noch schrecklicheres Los treffen würde, denn auf dem Feld der Ehre mit dem Schwert in der Faust sterben war doch ein rühmlicheres Los, als das, welches nach zehn Jahren über König Albrecht erging, als er unter den Mörderhänden eines schwer misshandelten Neffen fiel.

Der tiefgebeugten Imagina wurde, wenn auch nicht sofort, doch in der Folge der Wunsch ihres Herzens erfüllt. Gerhard von Mainz, der schon vor der Leiche seines unglücklichen Neffen weicher geworden war, gab den wiederholten dringenden Vorstellungen der trauernden Königswitwe nach und ließ den jungen Rupert frei zu seiner Mutter zurückkehren, jedoch nur gegen Abtretung mehrerer Burgen. So hatte der habsüchtige Mann die Stunde der Reue vor dem Leichnam des Königs so schnell vergessen, dass er sich nicht einmal angetrieben fühlte, den Sohn des Neffen ohne Lösegeld freizugeben. Dabei hätte er doch an dem Sohn vergelten können, was er Übles an dem Vater getan hatte.

Dem edlen Herrn von Hohenlohe hielt er jedoch das Wort, das er ihm unter dem Portal der Kirche zu Rosenthal gegeben hatte. Gleich am anderen Tag nach der Schlacht ließ er die Leiche des Junkers von Hohenlohe aufsuchen. Am Wappenrock mit hohenlohischer Farbe und dem angegebenen Wappenschild erkannte man den blutigen Leichnam. Er ließ ihn vom Blut reinigen und in einen Sarg legen, den er zwölf edlen Rittern und Vasallen des Herrn Gottfried von Hohenlohe übergab, die in der Schlacht gefangen worden waren. Er, der sonst so geldsüchtige Gottespriester, gab ihnen die Freiheit, nachdem sie Urfehde geschworen und gelobt hatten, den Leichnam

Burg Neuhaus: Kampfszene

des edlen Jünglings wohlbehalten in den Taubergrund auf Burg Neuhaus zu bringen. Sie luden den Sarg auf zwei Saumtiere, bestiegen ihre Rosse und geleiteten den teuren Anbefohlenen in die Heimat, die der hochherzige Jüngling mit der Hoffnung verlassen hatte, sie im Jubel des Siegers freudig wiederzusehen.

Die Heimkehr auf Neuhaus

Auf demselben Söller, wo noch vor kurzer Zeit Herr Gottfried von Hohenlohe-Brauneck froh und freudig mit seiner Gemahlin Elsbeth und den beiden Kindern Adelheid und Adolf gesessen, steht am Abend des 15. Juli 1298 die Burgfrau von Neuhaus, umgeben von ihren Kindern. Den kleinsten Sohn Adolf hält sie auf ihrem Schoß, mit der Linken fest umschlingend, dass er dicht an ihrem Herzen ruht. Mit der Rechten hat sie den Kopf auf die Brüstung des Söllers gestützt. Über ihre Seele hat sich eine düstere Wolke gelegt. Schon seit einigen Tagen hat sie sich abends mit ihren Kindern dort eingefunden mit der Sehnsucht, den wiederkehrenden Gemahl und Sohn begrüßen zu dürfen. Nun hat sich zu der Sehnsucht des Herzens noch eine düstere Ahnung gesellt, die erst am Morgen durch einen schweren Traum in ihr rege geworden war. Im winterlichen Schneesturm sah sie beide, ihren Gemahl und Sohn, auf schwarzen Pferden hastig den Berg heranreiten. Während die Schneeflocken über ihren Gemahl und sein Ross dahinflogen, und an beiden hinabglitten, wurden der geliebte Sohn und sein Ross so dicht von den Schneeflocken überdeckt, dass sie beide bald nur in schwachen Umrissen unterscheiden konnte. Nur sein Angesicht, das totenfahl war und wehmütig aufwärts ihr entgegenblickte, konnte sie erkennen. Als Vater und Sohn über den Zwinger ritten, erwachte die Burgfrau von dem Hufschlag der Pferde auf der Brücke. Das war ein böser Traum und ihr Herz wurde von schweren Ahnungen erfüllt.

Die Sonne war bereits hinter die Berge gesunken, auf die Schwüle des Tages folgte eine etwas kühle Abendluft. Frau Elsbeth wollte eben den Söller verlassen und in den Saal zurückgehen, da rief Heinrich, der zweitälteste Sohn: »Bleibe noch, liebe Mutter. Ich sehe einen Zug Reiter auf der Heerstraße von der Stadt herantraben, aber es ist nur eine kleine Zahl.«

Langsam zog eine kleine Schar Reiter daher, und man sah deutlich, wie sie trübselig ihr Haupt auf den Hals ihrer Pferde beugte. »Das kann aber nicht der Vater mit dem Bruder und seinen Mannen sein«, rief der dritte Sohn Crafto, der jetzt auch seine Aufmerksamkeit gegen die Heerstraße richtete. »Der Vater kommt mit dem Bruder und seinen Mannen freudig und jubilierend, wenn er heimzieht. Auch ist die Schar so klein und unbedeutend. Und seht nur«, so setzte der Scharfblickende hinzu, »sie führen eine schwarze Lade in ihrer Mitte, gleich einem Sarge.«

»Oh Gott, mein Traum!«, rief Frau Elsbeth. Mit diesen Worten eilte sie vom Söller in den Saal und stellte dort den kleine Adolf hin. Dann lief sie im Flug in den Hof hinunter, über die Brücke und die Heerstraße hinab, entgegen der traurigen Schar, die eben um den Kitzberg ritt.

Es war so, wie der Sohn Crafto gesehen und die Burgfrau geahnt hatte. Das war ein schmerzliches Willkommen, als sie den Rittern nahte und noch schmerzlicher das

Wiedersehen, als die trauernden Begleiter den Sarg von den Saumtieren luden, um dem Willen der Burgfrau zu willfahren, die sich überzeugen wollte, ob wirklich ihr geliebter Sohn im Sarg läge. Ja, er war es, der Jüngling mit dem totenfahlen Antlitz, wie sie ihn im Traum gesehen, das war ihr geliebter Erstgeborener. Aber jetzt drang ein zweischneidiges Schwert durch ihre Seele, als sie ihn vor sich erblickte, mit einer Todeswunde auf der Brust. Wehklagend warf sie sich über den Leichnam, richtete sein Haupt in die Höhe und bedeckte es mit heißen Küssen. Frau Elsbeth war so sehr in ihrem Schmerz um den geliebten Sohn gesunken, dass sie nicht mehr nach ihrem Gemahl fragte, ob er lebend oder tot sei, es drang nicht einmal das Trostwort in ihr Herz, als die Ritter ungefragt ankündigten, dass Herr Gottfried von Hohenlohe wohlbehalten sei und jede Stunde nach Hause kehren könne. Konnte diese Kunde ein Trostwort sein, wenn sie sich jenes Wortes erinnerte, das ihr Gemahl beim Abschied gesprochen hatte: Ohne den Sohn werde er nimmer wiederkehren.

Nur mit Mühe konnten die Ritter die Burgfrau von dem Leichnam trennen. Trotz ihres Widerstrebens schlugen sie den Sargdeckel wieder zu. Sechs von ihnen nahmen den Sarg auf ihre Schultern und trugen ihn bergaufwärts, um dem ritterlichen Junker die letzte Ehre zu erweisen. Ihnen folgte laut klagend und die Hände ringend Frau Elsbeth und hinter ihr ritten die übrigen sechs Begleiter, die ledigen Rosse neben sich führend. Schon in der Mitte des Weges wurde der Trauerzug eingeholt. Die Kinder waren nicht im Saal geblieben, sondern folgten der Mutter nach. Aber nicht nur die Kinder, sondern alle, die in der Burg waren, der Kaplan, der Turmwächter, die Knechte und Mägde gingen dem Zug entgegen. Und als sie mit ihm zusammentrafen, begann aufs Neue das Jammern und Klagen. Das endete erst, als man den Sarg über die Brücke getragen hatte. Als man den Sarg in die Burgkapelle gebracht und die Chorknaben brennende Kerzen um den Sarg gestellt hatten, der Deckel abgenommen war und der blasse Tote so friedlich und freundlich wie ein Schlafender vor ihren Augen lag, da sanken alle auf die Knie und man hörte nicht einmal ein leises Schluchzen. Der stumme Schmerz hatte sich in eine Andacht verwandelt.

An demselben Tag, als der Leichnam des Junkers auf die Burg der Väter gebracht wurde, nur um einige Stunden früher, war Herr Gottfried von Hohenlohe in der Stadt Mergentheim angekommen. Sein erster Gang führte in das Deutschordenshaus zu dem Meister Hans von Nesselrode. Ihm tat er seinen Entschluss kund, der Welt zu entsagen und in den Orden der Brüder vom deutschen Hause eintreten zu wollen. »Da sei Gott vor«, rief der Meister, »dass ihr Euer Leben, das Euch der liebe Gott im Sturm der Schlacht erhalten hat, dem Dienst unseres Ordens widmen solltet. Es gehört doch aufs Neue Eurer Gattin und Euren Kindern. Das wäre ein himmelschreiendes Unrecht gegen die Eurigen, die Euer noch so sehr bedürfen, wenn wir Euch den Eintritt bei uns gestatten würden.«

»Aber ich kann nicht mehr auf meine Burg und zu den Meinigen zurück«, entgegnete Gottfried, »denn ich habe einen Schwur bei Gott getan, dass ich ohne meinen Sohn nicht mehr heimkehren will. Dieser Sohn ist gefallen in der unglückseligen Schlacht, in der auch mein Herr und König sein Leben verlor.«

»Um die Toten wollt Ihr trauern, werter Freund, abgeschieden von der Welt und in der Einsamkeit, aber daran denkt Ihr nicht, welchen Kummer ihr den Lebenden bereitet, die von eurer Väter Burg auf das Haus schauen sollen, in dem Ihr lebend wandelt und für die Eurigen aber abgeschieden seid. Nein, da wählt lieber die Einsamkeit eines Klosters, das ferne liegt von diesem Tal und von Eurer Burg, dass Ihr in Wahrheit von den Eurigen abgeschieden seid. Kennt ihr das Kloster Heilsbronn? Schon vielen dürstenden Seelen ist jener Ort ein Brunnen des Heils, der Ruhe und des Friedens geworden.«

»Ihr habt Recht, hoher Meister«, sprach Gottfried von Hohenlohe, »je näher, je schwerer für mich und die Meinigen. Möge mir der liebe Gott den Weg zeigen an den Ort, wo ich von nun an leben will. Aber eins bitte ich von Euch, hoher Meister, es ist der letzte Liebesdienst, den Ihr mir im Leben erweisen könnt. Bringt Ihr mein letztes Lebewohl meinem Ehegemahl und meinen lieben Kindern und bittet sie, meiner in Liebe zu gedenken, denn mein Herz würde mir brechen, wenn ich noch einmal in ihre Mitte träte. Nehmt Euch auch meiner Söhne an, die noch eines weisen Ratgebers bedürfen, und übertragt auf die Meinigen Eure Liebe Gnade, die Ihr mir bisher so reichlich gezeigt habt.«

»Ich müsste nie Euer Freund gewesen sein«, versetzte der Meister, »wenn ich mich nicht der Eurigen mit Treue annehmen würde. Aber ich gebe es Euch noch einmal zu bedenken, Herr von Hohenlohe, lasset von Eurem Vorhaben ab. Ihr seid Vater von sieben Kindern, die noch Eurer liebenden Sorge bedürfen. Kehrt auf eure Burg zu Eurer Gattin und zu Euren Kindern zurück.«

»Ich kann nicht anders«, rief Gottfried, »denn ich habe es hoch und teuer gelobt. Lebt wohl, hochwürdiger Herr, im Leben sehen wir uns nimmermehr.« Er fasste die Hand des Meisters, drückte sie inbrünstig ans Herz und eilte dann nach der Tür. Voll schmerzlicher Teilnahme blickte ihm der Ordensmeister nach.

Es war schon Abend, als Gottfried das Ordenshaus verließ. Während er über die Brücke ging, sprach der Pförtner Bruder Adelhard: »Gehabt Euch wohl, Herr von Hohenlohe. Kommt gut den Berg hinauf, aber Gott tröste Euch, wenn Ihr gleich bei Eurer Heimkunft viel Leid und Jammer auf der Burg findet. Vor einem Stündlein haben trauernde Geleitmänner die Leiche Eures Sohnes durch die Stadt getragen. Sie werden längst oben auf Neuhaus sein.« Er gab keine Antwort, nickte nur mit dem Haupt gegen den Pförtner und eilte schnell weiter. Erst als er an der Tauberbrücke bei Igersheim ankam und über ihm die Burg der Väter herabblickte, da hielt er inne und setzte sich auf das Piedestal eines steinernen Kruzifixes, das zwischen der Brücke und dem Weg auf die Burg aufgestellt war. Lange saß er da, das sinnende Haupt auf den Arm gestützt. Jetzt traten die Worte des Meisters, der es so gut mit ihm und den Seinigen meinte, vor seine Seele. Es stritt in ihm für und wider, ob er an der Burg vorbei- oder hinaufgehen solle, um wenigstens dem Toten und den Lebenden das letzte Lebewohl zu sagen. Der letztere Entschluss schien in seinem Innern überwiegen zu wollen. Er stand auf und stieg einige Schritte den Berg hinan. Plötzlich hielt er an und rief: »Ich kann es nicht! Wenn ich den lieben Toten sehe, kann ich nimmer von seiner Seite und wenn ich meine Elsbeth und meinen Kindern ins liebende Auge blicke, wird es mich festhalten in ihrer Mitte mit unwiderstehlicher Gewalt. Ich würde weich werden und mein Gelübde vergessen. Ich würde mein Wort brechen, das ich in der Stunde des Abschieds ausgesprochen habe. Ich kann nicht anders, ich muss vorüber- und weiterziehen, in Gottes Namen!«

Er kehrte um, kniete vor dem Kruzifix nieder und betete voll Andacht für die Seele seines Kindes, empfahl die Seinigen dem Schutz Gottes, stand auf und eilte über die Brücke hinauf an der Tauber, der Heerstraße nach Weikersheim, Creglingen und Rothenburg zu. Aber noch lange blickte er, während er dahin wandelte, hinauf nach seiner Burg, bis sie die hereinbrechende Dämmerung seinem Blick entzog. Am Abend des dritten Tages ging er durch die Klosterpforte zu Heilsbronn. Es wunderte sich der Pförtner des Klosters, als ein solch hochgewachsener, noch kräftig aussehender Ritter durch die Pforte trat. Noch viel mehr staunte der Abt als Gottfried von Hohenlohe, in seine Zelle geführt, sein Anliegen vorbrachte. Er wollte es anfangs nicht glauben, dass es ihm ernst damit sei. »Wie«, sprach der Abt, »Ihr, ein lebenskräftiger Mann, der noch rüstig das Schwert führen und in der Welt etwas nützen kann, wollt Euch der Welt entziehen? Für Euch ist noch nicht des Klosters Einsamkeit und in der niedrigen Zelle aus und einzugehen, dazu seid Ihr nicht geboren. Ihr musstet euch ja fast bis auf den Boden drücken, als Ihr durch meine Türe eingetreten seid.« Doch so wenig die Einsprache des Deutschmeisters vermocht hatte, Herrn Gottfried von Hohenlohe von seinem gefassten Entschluss abzubringen, ebensowenig gelang es dem Abt zu Heilsbronn, ihm sein Vorhaben auszureden. Nach wenigen Tagen seines Aufenthalts im Kloster wurde er feierlich unter die Zahl der Brüder aufgenommen.

Auf den Altar der Klosterkirche legte er zuvor Schwert, Helm und Sturmgewand. Außer dem silbernen Sturmgewand war dies alles, was er Wertvolles als Mitgift dem Kloster vermachte. Weder mit Geld noch mit Gut bereicherte er die Brüderschaft. Das Erstere hatte seine Fahrt mit Reisigen und Mannen verschlungen, so dass er keinen Heller mehr in der Tasche hatte, als er in das Kloster eintrat. An Gütern wollte er den Brüdern nichts vergeben, um nicht das Erbe der Kinder zu schmälern. Dagegen aber verwies er auch alle Forderungen und Ansprüche, die je noch an ihn, von welcher Seite es nun sein mochte, früher oder später hätten gemacht werden können, an seine Söhne, denen er ein ungeschmälertes Erbe hinterließ. König Albrecht festigte in einer Urkunde aus dem Jahr 1306 die Ansprüche der Erben auf das Besitztum des Vaters. Dies war der zweite und letzte Beweis der Gnade, die König Albrecht dem Mann erwies, den er auf dem Schlachtfeld bei Göllheim wegen seiner Treue gegen König Adolf, seinen Gegner, schätzen gelernt hatte. Zwei Jahre darauf erreichte den König das traurige Los, das ihm auf dem Schlachtfeld und von der Königswitwe Imagina prophezeit worden war. Unter den Wenigen, die schmerzlich das Ende des stolzen Königs betrauerten, war Bruder Gottfried von Hohenlohe, und es war auch seine letzte Trauer um einen Verstorbenen, denn noch im selben Jahr winkte der Tod auch ihn zum letzten Gang. Seine

Gattin Elsbeth legte über zehn Jahre hindurch nicht mehr das schwarze Trauergewand ab. Sie und ihre Kinder sollten ihren teuren Vater erst im Tode ein letztes Mal sehen.

Es war im Juli des Jahres 1308, an demselben Tag, da man vor zehn Jahren den Leichnam des geliebten Sohnes auf die Burg Neuhaus gebracht hatte. Da kam ein Trauerzug mit Kreuz und Fahne die Tauber herab. Er hielt an der Brücke nahe bei dem Kruzifix unter der Burg Neuhaus. Ein Bruder vom Heilsbronner Kloster trat auf der Burg in das Gemach der Burgfrau mit der Meldung, dass unten am Berg ein Wohlbekannter harre, der nunmehr in seine Heimat kehre. Als Frau Elsbeth zitternd und bebend, umgeben von ihren Kindern, den Berg hinabeilte, erfuhr sie bald, wer der Wohlbekannte war. Als man den Sargdeckel abwälzte, erblickte sie das bleiche friedliche Antlitz des Gemahls. Sie sank weinend und händeringend an dem Sarg nieder. Noch am selben Tag wurde Gottfried von Hohenlohe in der Deutschordenskapelle zu Mergentheim in dem Grab seines Vaters und Großvaters eingesenkt. Das war sein letzter Wille gewesen.

Nach Schönhut: Sagen und Geschichten aus Hohenlohe

Diese von Ottmar Schönhut (1806–1864), einem evangelischen Pfarrer, Heimatforscher und Schriftsteller aus dem Taubertal aufgezeichnete Sage hält sich eng an die historischen Gegebenheiten. Alles um Aufstieg und Fall des Adolf von Nassau (1250–1298) kann in gedruckten und analogen Quellen weitgehend so nachvollzogen werden, wie es in der Geschichte steht, mal abgesehen davon, dass der König nicht unschuldig an seiner Absetzung war. Deshalb gehe ich hier auch nicht weiter darauf ein. Die eigentliche Sage spielt sich um Gottfried von Hohenlohe-Brauneck ab. Seine Geschichte ist nicht so einfach zu recherchieren. Burg Neuhaus bei Igersheim lässt sich auffinden und auch belegen, dass sie im 13. Jahrhundert im Besitz der Herren von Hohenlohe-Brauneck war. Auch die Überreste der Burg Brauneck sind noch zu finden. Um 1230 war es Konrad von Hohenlohe (1195–1249), der dort die Linie der Hohenlohe-Brauneck begründete. Sein Bruder Gottfried I. von Hohenlohe (1190–1255), der auch ein Dichter war und die Burgen Hohenlohe bei Simmersheim (heute abgegangen) und Weikersheim besaß, begründete die Hauptlinie des Hauses Hohenlohe. Die anderen drei Brüder traten dem Deutschen Orden bei, womit Besitzungen in Mergentheim verloren gingen und die Deutschordenskommende dort daraus hervorging.

Burg Neuhaus/Ruine

Konrad I. hatte zwei Söhne, von denen der eine, Gottfried von Hohenlohe-Brauneck im Jahre 1312 starb. Auch wenn es zeitlich nicht exakt mit dem Todesdatum in der Sage übereinstimmt, so könnte dies der dort genannte Burgherr von Burg Neuhaus gewesen sein. Ottmar Schönhut erzählt bildhaft und spannend, aber in einer weitschweifigen und teilweise auch sperrigen Sprache. Deshalb habe ich deutlich gekürzt, den Satzbau angepasst und auch Ungenauigkeiten und inhaltliche Fehler aus dem Text entfernt.

Der Letzte von Hohenstein

Die Burg Hohenstein im unteren Bühlertal war im 14. und 15. Jahrhundert ein Raubschloss, vor dessen Bewohnern kein Wanderer, selbst nicht Vieh und Frucht auf den Feldern sicher waren. Vom Letzten dieser Raubritter erzählt der Haller Chronist Widmann die folgende Geschichte: Eine Frau aus Bayern hatte einen einzigen Sohn. Der war Weinfuhrmann und erwarb mit dieser Beschäftigung den Lebensunterhalt für sich und seine Mutter. Vom unteren Neckartal ins Bayernland führte ihn der Weg an der Burg Hohenstein vorüber. Zweimal wurde er vom Hohensteiner gefangen genommen, aber beide Male befreite ihn seine Mutter durch ein Lösegeld. Als er nun zum dritten Mal gefangen genommen wurde, konnte die Mutter kein Lösegeld mehr aufbringen. Sie trat daher vor den Hohensteiner und suchte ihn durch flehentliches Bitten zu erweichen. Dieser jedoch, ein hartherziger Mensch, rief aus: »Dein Sohn muss faulen im finsteren Turm, wenn du ihn nicht durch Geld auslöst, und nun scher dich, du Hexe!« Da wandte sich die Frau zum Gehen. Unter dem Burgtor aber wandte sie sich um, und mit bebender Stimme rief sie dem Hohensteiner zu: »Wohlan, du willst meinen Sohn faulen lassen. Doch ich verfluche dich, dass du noch eher verrecken musst als mein Sohn im Turme fault.« Der Ritter lachte über das zornige Weib und schalt sie eine alte Heddel. Doch es war merkwürdig, die Worte der Frau gingen ihm nicht mehr aus dem Sinn. Als er sich am folgenden Tag mit andern Edelleuten auf der Burgbrücke unterhielt, begann er plötzlich zu schreien: »O, ich armer Mann! Die elende Hexe will mich verbrennen!« Hierauf brachte man ihn zu den geistlichen Herren auf die Comburg. Die sollten seine irre Seele trösten, aber kein Zuspruch wollte verfangen. Der Ritter starb am andern Tag, und mit ihm erlosch das Geschlecht derer von Hohenstein.

Nach: Württembergische Volksbücher

Die ehemals im Ortsteil Hohenstadt von Schwäbisch Hall gelegene Spornburg Hohenstein gilt heute als abgegangen. Erhalten sind nur noch ein tiefer Halsgraben und ein einige Meter hoher Burghügel. Erwähnt wird sie erstmals 1334. Vom 13. bis 15. Jahrhundert gab es einige »Kraft« im Haus von Hohenlohe; welcher von ihnen jener in der Sage genannte

Raubritter sein soll, ist nicht bekannt. Die Familie Widmann stellte im 15. und 16. Jahrhundert mehrere Juristen und Schriftsteller, darunter auch einen Georg Widmann, der »Chronist« genannt wurde. Er war Pfarrer zu Erlach, Syndikus des Stifts Comburg und schrieb eine Chronik der Reichsstadt Schwäbisch Hall. Er starb im Jahr 1560.

Der wilde Rechenberger

Ein Wanderer, der auf seinem Weg von Ellwangen nach Crailsheim in Stimpfach Rast gemacht hatte, blieb beim Verlassen des Ortes auf dem Weg nach Steinbach vor einem alten Steinkreuz stehen und besah es nachdenklich.

»Da hat der böse Wilhelm, der letzte Ritter von Rechenberg, seinen Knecht erstochen, weil er ihn zu spät zur Ostermesse nach Stimpfach gefahren hatte. Hier an dieser Stelle ist diese Bluttat geschehen«, erzählte ein Bauer, der gerade vorüberkam und stehen blieb.

»Der wilde Rechenberger soll hier gemordet haben?«, sagte der Wanderer. »Da kenne ich aber eine andere Geschichte.«

»Welche denn?«, wollte der Bauer wissen.

»Der Ritter Wilhelm, der ehedem zu Rechenberg in der Burg saß, soll ein rücksichtsloser Herr gewesen sein«, berichtete der Wanderer. »Deshalb nannte man ihn im ganzen Frankenland eben nicht anders als den ›wilden Rechenberger‹.«

»Sag ich doch«, beharrte der Bauer.

»Einst reiste er mit seinen Knechten einem fremden Herrn entgegen, um ihn willkommen zu heißen. In einer Feldkapelle nächtigte er. Als er am anderen Morgen weiterritt, vergaß er seine Handschuhe in der Kapelle. Er sandte deshalb einen Diener zurück, der das Vergessene holen sollte. Doch der Reitknecht kam bleich zurück und berichtete, dass ein Geist dort auf einem Sarg säße. Der hätte die Handschuhe an. Mit feurigen Augen hätte er ihn angeschaut. Ihm würden noch die Glieder beben, der Herr solle sich seine Handschuhe selbst holen. Da ritt der Rechenberger zurück, bezwang den Geist und nahm ihm die Handschuhe weg.«

Wappen der Familie von Rechenberg

Der Bauer erwiderte nichts und der Wanderer erzählte weiter.

»Doch der Rechenberger sollte bald erfahren, dass es nicht gut war, den Bösen einmal schwach gesehen zu haben. Er ritt bald danach, wie er oft zu tun pflegte, spät in der Nacht von Hall nach Hause. In Hall hatte er mit einigen Kecken und dem Schenken von Limpurg lange beim Wein gezecht. Als er nun in den Wäldern um Bühlertann war, da erhob sich mit einem Mal in den Lüften ein Brausen, ein Heulen und Stöhnen und Wimmern, als ob alle Unholde der Unterwelt losgelassen wären. Das Muotisheer zog durch die Wälder. Ehe sich der Rechenberger versah, war er von seinen Genossen getrennt. Er versuchte sein Heil in der Flucht, doch die wilde Jagd verfolgte ihn unaufhörlich. Da hielt er an und ließ das wilde Heer an sich vorüberziehen. Am Schluss des wilden Heeres sah er einen schwarzen Reiter im grünen Sammetwams. Der führte ein lediges Pferd am Halfterband. Da nahm sich der Rechenberger ein Herz und fragte, wem das Ross gehöre. Die Antwort, die er bekam lautete: ›Das Pferd gehört einem Wilhelm von Rechenberg, auch der Wilde genannt. Der wird heute über ein Jahr zur gleichen Stunde auf eben diesem Ross zur Hölle reiten.‹

Darüber erschrak der Rechenberger sehr und ging in sich. Er bestellte seinen Haushalt und ritt schnurstracks ins Kloster des Heiligen Veit nach Ellwangen. Dort fand er offene Arme und dies um so mehr, als er nicht mit leeren Taschen kam. All sein Hab und Gut vermachte er dem Kloster um seines Seelenheiles willen, und er selbst diente dort als Marschall oder Stallmeister. Aber am Tag, da selbiges Jahr sich schloss, kaufte der Abt ein schwarzes wildes Pferd. Der Rechenberger sollte es zäumen, doch es bäumte sich auf und schlug den Junker mitten aufs Herz. Der Rechenberger sank zu Tode getroffen nieder, das Pferd aber verschwand im Wald und wurde nie wieder gesehen.«

Der Bauer nickte und sagte: »Der eine erzählt so, der andere so.«

»Man weiß es heute nicht mehr genau«, bestätigte der Wanderer und deklamierte die folgenden Verse:

Um Mitternacht, an Junkers Grab,
Da stieg ein schwarzer Reitknecht ab,
einem Rappen hält er die Stangen:
Reithandschuh' am Sattel hangen.

Rechberger stieg aus dem Grab herauf,
er nahm die Handschuh' vom Sattelknauf,
er schwang sich in des Sattels Mitte;
Der Grabstein diente zum Tritte.

Nach: Württembergische Volksbücher

Die letzten Zeilen stammen aus dem Gedicht ›Junker Rechberger‹ von Ludwig Uhland (1787–1862). Es sind viele lokale Sagen im Umlauf, in denen von dem Geist Rech(en)berger erzählt wird, der Unfug anrichtet und Unheil bringt. Schloss Rechenberg ist eine Burganlage östlich von Stimpfach. Die Ritter von Rechenberg, Truchsessen der Grafen von Oettingen, sind in der Zeit von 1229 bis 1405 auf dieser Burg nachgewiesen. Danach kam die Burg mehrfach in den Besitz von Ellwangen. Wilhelm V., der wilde Rechenberger, soll aber im 15. Jahrhundert als Pfleger auf der markgräflichen Burg Kammerstein bei Schwabach gesessen haben.

Schenken von Limburg-Scheibler – Wappen

Der Schenk von Limburg

Zu Limburg auf der Veste,
Da wohnt' ein edler Graf,
Den keiner seiner Gäste
Jemals zu Hause traf.
Er trieb sich allerwegen
Gebirg' und Wald entlang,
Kein Sturm und auch kein Regen
Verleidet' ihm den Gang.

Er trug ein Wams von Leder
Und einen Jägerhut
Mit mancher wilden Feder,
Das steht den Jägern gut;
Es hing ihm an der Seiten
Ein Trinkgefäß von Buchs;
Gewaltig konnt er schreiten
Und war von hohem Wuchs.

Wohl hatt‘ er Knecht‘ und Mannen
Und hatt‘ ein tüchtig Ross,
Ging doch zu Fuß von dannen
Und ließ daheim den Tross.
Es war sein ganz Geleite
Ein Jagdspieß, stark und lang,
An dem er über breite
Waldströme kühn sich schwang.

Nun hielt auf Hohenstaufen
Der deutsche König Haus.
Der zog mit hellen Haufen
Einstmals zu jagen aus.
Er rannt‘ auf eine Hinde
So heiß und hastig vor,
Dass ihn sein Jagdgesinde
Im wilden Forst verlor.

Bei einer kühlen Quelle,
Da macht' er endlich Halt;
Gezieret war die Stelle
Mit Blumen mannigfalt.
Hier dacht' er sich zu legen
Zu einem Mittagschlaf,
Da rauscht' es in den Hägen
Und stand vor ihm der Graf.

Da hub er an zu schelten:
»Treff ich den Nachbar hie?
Zu Hause weilt er selten,
Zu Hofe kommt er nie:
Man muß im Walde streifen,
Wenn man ihn sehen will,
Man muß ihn tapfer greifen,
Sonst hält er nirgend still.«

Als drauf ohn' alle Fährde
Der Graf sich niederließ
Und neben in die Erde
Die Jägerstange stieß,
Da griff mit beiden Händen
Der König nach dem Schaft:
»Den Spieß muß ich mir pfänden,
Ich nehm ihn mir zu Haft.

Der Spieß ist mir verfangen,
Des ich so lang begehrt,
Du sollst dafür empfangen
Hier dies mein bestes Pferd.
Nicht schweifen im Gewälde
Darf mir ein solcher Mann,
Der mir zu Hof und Felde
Viel besser dienen kann.«

»Herr König, wollt vergeben!
Ihr macht das Herz mir schwer.
Laßt mir mein freies Leben,
Und laßt mir meinen Speer!
Ein Pferd hab' ich schon eigen,
Für Eures sag ich Dank;
Zu Rosse will ich steigen,
Bin ich mal alt und krank.«

»Mit dir ist nicht zu streiten,
Du bist mir allzu stolz,
Doch führst du an der Seiten
Ein Trinkgefäß von Holz:
Nun macht die Jagd mich dürsten,
Drum tu mir das, Gesell,
Und gib mir eins zu bürsten
Aus diesem Wasserquell!«

Der Graf hat sich erhoben,
Er schwenkt den Becher klar,
Er füllt ihn an bis oben,
Hält ihn dem König dar.
Der schlürft mit vollen Zügen
Den kühlen Trank hinein
Und zeigt ein solch Vergnügen,
Als wär's der beste Wein.

Dann fasst der schlaue Zecher
Den Grafen bei der Hand:
»Du schwenktest mir den Becher
Und fülltest ihn zum Rand,
Du hieltest mir zum Munde
Das labende Getränk:
Du bist von dieser Stunde
Des deutschen Reiches Schenk!«

Ludwig Uhland: Gedichte

Die Schenken von Limpurg waren eine schwäbisch-fränkische Adelsfamilie. Nach ihrer Burg Limpurg bei Schwäbisch Hall, eine Spornburg, die heute nur noch Ruine ist, hatten sie ihren Namen. Ihr Herrschaftsgebiet erstreckte sich zwischen Schwäbisch Hall, Schwäbisch Gmünd und Ellwangen, das auch Limpurger Land genannt wird. Ursprünglich übten sie das Schenkenamt bei den Stauferkönigen aus. Die Sage, wie es zu diesem Amt gekommen sein soll, hat Ludwig Uhland in seinem Gedicht beschrieben.

Der Edelmann von Lohr

Unweit der Stadt Crailsheim ragte aus dem Talgrund zur rechten Hand der Jagst ein Bergrücken auf. Darauf soll ehedem eine wehrhafte Burg gestanden sein, und darin das edle Geschlecht der Herren von Lohr gelebt haben. Sie waren weit und breit bekannt im Frankenland, die Herren von Lohr. Zu ihrer wettergrauen Festung sah zwei und drei Jahrhunderte vor und nach dem Jahr Eintausend unserer Zeitrechnung im Jagstgau ein fleißiges Bauernvolk in scheuer Furcht und bangem Hoffen auf, gewärtig der Befehle, die von dort kamen. Und mancher Ritter, der sonst vor Bauersleuten stolz das Haupt erhob, beugte vor den Herren von Lohr den Nacken, da sie als Dienstmannen von deren Gnade und Gunst abhingen. Und so mag's gekommen sein, dass in diesem Geschlecht allmählich hochfahrender Sinn und ungezügelte Rücksichtslosigkeit vom Vater auf den Sohn und vom Ahn zum Kindeskind vererbt wurden.

Einer der Lohrer Edelleute war ein grimmiger Mann, Gott und aller Welt feind. Die Leute sagten über ihn: Der mag sich selbst nicht. Dieser Finsterling hatte als einziges Kind einen Sohn, und dieser Sohn war in allem und jedem Stück das Ebenbild seiner bereits verstorbenen Mutter und in allem und jedem Stück das Gegenteil von seinem Vater. Er war, kurz gesagt, ein echter Edelmann, menschenfreundlich mit den Bauersleuten und ein Wohltäter der Armen. Eines Tages jagte er in den Waldbergen um Lohr, und wie es oft so geht, in den Wäldern oberhalb des Dörfchens Westgartshausen traf er auf ein Mädchen. Ihr Bild berückte sein Herz und alsogleich flammte heiße Liebe in ihm auf. Hoch und teuer versprach er, diese liebliche Menschenblüte als seine Ehegattin heimzuführen und keine andere.

Aber da setzte es harte Kämpfe. Zunächst wollte das Mädchen nicht. An Schwüre eines Edelmanns zu glauben, schien ihr Torheit zu sein. Zudem sei sie eines Bauern Kind und damit zu niederen Standes. Doch der Jüngling bat und bat und endlich nach vielen Bitten erhielt er des Mädchens Jawort. Sofort trat er vor seinen Vater, diesem seine Liebe offenbarend. Doch da kam er übel an. »Was!«, rief der Herr von Lohr wutschnaubend, »unseren alten edlen Stamm willst du schänden durch eine Bauerndirne? Warte, mein Junge, ich will dir die Suppe, die du dir eingebrockt, gründlich verekeln.«

Sprach's und ritt spornstreichs aus dem Burghof. Aber nicht allein. Er hatte nämlich einen Knecht, einen zwerghaften, verschmitzten Burschen. Dieser Knirps war seit je mit seinem Herrn auf guten und bösen Wegen gegangen. In scharfem Ritt jagten die beiden geradeswegs gen Westgartshausen. Die Liebste seines Sohnes wollte er aufheben, der Lohrer. Doch sie war nicht daheim, sondern draußen im Feld tätig. Das wusste der junge Edelmann und ritt, weil er von seinem Vater nichts Gutes erwartete, rasch hin zu seiner Liebsten aufs Feld. Es gelang ihm, sie zu überreden, mit ihm zu kommen. Er setzt sie auf sein Ross und wollte, so gut es geht, querfeldein in jagender Eile gen Jagstheim reiten. Denn dort gehörte ihm ein Bauernhof, wo er sich mit seiner Liebsten niederlassen und sie freien wollte.

Es war ein Abend im Hochsommer. Die Mondsichel stieg herauf am nachtblauen Himmel. Der junge Edelmann ritt und ritt durch den schweigenden Abend, sein Liebchen im Arm. Der alte Edelmann, der mittlerweile den Aufenthalt des Bauernmädchens erfragt hatte, eilte mitsamt dem Knecht hinter ihm drein wie das siedende Unwetter, und in der Höhe vom Dorf Ingersheim, mitten im brachen Feld, holte der Vater den Sohn ein. »Lass die Bauerndirne!«, schrie der Alte und zückt sein Schwert, um es dem Mädchen in die Brust zu stoßen. In diesem Augenblick riss jedoch der Sohn sein Pferd herum, und des Vaters Stahl drang nun ins Herz des eigenen Sohnes. Lautlos sank dieser vom Ross.

Da sprang zähnefletschend wie ein wildes Tier der teuflische Knecht herbei und stieß dem Mädchen die Klinge in die Brust. Hochauf spritzte der Blutstrahl. »Nun habt Ihr uns doch vermählt, durch den Tod«, sagte das Bauernkind, schlang ihre Arme um den Liebsten, presste die Lippen auf die seinen und starb.

So noch von Sterbenden verhöhnt zu werden, das fachte den Zorn des Lohrer Edelherrn aufs Ärgste an. Er sann und sann und brütete, und noch in derselben Nacht hob er zwei Gräber aus, und in jedes warf er eine Leiche. Es war des Lohrers eigener Grund und Boden, wo die beiden starben und begraben wurden, und so war einige Sicherheit gegeben, dass niemand die Untat erfahren würde. Bis am Morgen die Sterne erbleichten und Tageshelle sich im Osten zeigte, solange schaufelten der Edelmann und der verzwergte Knecht und wurden in der Morgendämmerung fertig.

Aber auch im Tod sollte der Unterschied des Standes der Liebenden aufrechterhalten werden. Darum pflanzte der Lohrer Edelmann zu Häupten desjenigen Grabes, in dem sein Sohn lag, eine Eiche; ein Stoß von Efeukränzen, Schild und Wappenbanner, Speer und Harnisch wurden eingegraben; die Ruhestätte des armen Bauernmädchens jedoch sollte wüste und öde liegen.

Nun verging eine kurze Zeit. Was in der Nacht verborgen war, die Sonne macht' es offenbar. Die Bluttat des Edelmanns wurde ruchbar. Dumpfes Murren und Grollen gingen im Jagsttal durchs Bauernvolk. Von Mund zu Munde raunte man das Schreckliche, das geschehen sein sollte, doch etwas Genaues wusste niemand. Aber am nächsten Gautag sollte der Edelmann beim Thing zu Altenmünster vor allem Volk gefragt werden, was er von dem vermissten Westgartshäuser Bauernmädchen wisse. Vorher entdeckte ein Bauersmann die beiden Gräber im Brachland, und jetzt war es allen offenbar, welchen Tod die Vermisste erlitten hatte. Flüche über den Lohrer Edelmann stiegen auf, und in verzweifelter Wehklage hoben die betagten Eltern des gemordeten Mädchens ihre Arme auf zum Rächer des Unrechts. Über Nacht schmückten viele teilnehmende Menschen das Grab des Bauernmädchens mit Blumen und Gewinden. Darüber geriet nun der Edelmann in namenlose Wut. Er schwur, jeden Bauern spießen zu lassen, der zur Tages- oder zur Nachtzeit bei den Gräbern angetroffen würde. In seinem Gelände hätte niemand etwas zu suchen. Ja, er beschloss, die »Bauerndirne«, wie er sagte, ausgraben zu lassen und ihren Leichnam den Vögeln des Himmels auszusetzen.

In einer mondhellen Julinacht ging er, seines Stolzes vergessend, mit seinem verzwergten Knecht und einigen anderen selbst ans Werk. Doch da geschah ein Seltsames. Während die Knechte zum Spaten griffen und der Edelmann die Anordnungen zur Ausgrabung der Leiche traf, überzog sich urplötzlich der Himmel mit dräuendem Gewölk. Die Blitze zuckten und Donner grollten grausig über ihnen, und das klang wie das gewaltige Zürnen grimmiger himmlischer Stimmen. In den Lüften ging ein tosendes Branden und Brausen, als führe das wilde Heer daher. Die Knechte wollten davongehen. Doch da schlug der Edelmann mit eigener Hand den Spaten in das Grab des Mädchens. Im selben Augenblick lohte ein blendender Strahl. Blitz und Donnerschlag fielen zusammen, und am Boden lagen zwei zuckende Menschenleiber: der Edelmann und der Zwerg. Sie waren vom Blitz erschlagen, indes die andern mit dem Schrecken davonkamen. Der obere Richter hatte, bevor das Thing zusammenkam, sein Urteil gefällt: Der letzte Lohrer wurde von Gott getötet, und wer von Gott geschlagen ist, der steht nimmer auf.

Die Schleusen des Himmels taten sich auf und unendlicher Regen goss herab. Von den Hängen und Lehnen stürzten die Wasser daher, und die Bäche und die Flüsse schwollen, und von den jagenden Fluten wurden die Leiber der beiden erschlagenen Unholde davongetragen. Wohin, das hat kein Sterblicher jemals erfahren. Nur die Waffen des Edelmanns hat man später noch gefunden.

Seit jener Zeit sieht man oft in finstern Nächten den Lohrer Edelmann auf schnaubendem Ross und in Begleitung von schwarzen Hunden ruhelos vom Ort der beiden Gräber bis gen Westgartshausen jagen und wieder zurück. Und auch der Zwerg geht als schwarze Gestalt unselig zwischen Lohr und den Gräbern einher, bald im einsamen Ackergelände, bald aber taucht er neben dem friedlich auf der Landstraße daherziehenden Wanderer auf und begleitet ihn ein Stück des Wegs. Dann neckt und schreckt der Geist die Leute, und insbesondere den Jungfrauen ist er abhold.

Im Gedenken an diese Geschichte vom Lohrer Edelmann und vom Westgartshauser Bauernmädchen sagten ehedem die Bauern in der Gegend bei einem dem Stand nach ungleichen Paar, das sich heiraten wollte, das Wort: »Paar und Unpaar taugt nicht. Und wenn's der Edelmann noch so treulich gemeint, und wenn er auch seine Treue mit seinem Herzblut besiegelt hat, – was nicht sein soll, kommt nicht z'samm'. Alles Ding hat seine Weil', auch die Lieb' und d' Heirat!« Und wer es nicht glaubt, dem erzählt man hierzulande die Geschichte des Edelmannes von Lohr.

Nach Württembergische Volksbücher

Von der ehemaligen Burg Lohr nahe Crailsheim, einer Spornburg, sind heute nur noch Wall- und Grabenreste erhalten. Die Herren von Lohr (auch Edle von Lare) waren zu ihrer Zeit – vom 12. bis späten 13. Jahrhunderts – ein bedeutendes fränkisches Adelsgeschlecht. Nach dem Tod des Kraft von Lohr im Jahre 1271 ging die Herrschaft mitsamt der Burg an Graf Ludwig III. von Oettingen. Die Burg gilt seit dem frühen 14. Jahrhundert bereits als zerstört.

Die fromme Gräfin Adelheid

Nahe bei Crailsheim erhebt sich als Ausläufer der waldreichen Ellwanger Berge die Schöneburg. Dort soll Adelheid von Württemberg, die Gemahlin Krafts von Hohenlohe, ihren Witwensitz gehabt haben. Sie war eine fromme Frau und eine Wohltäterin der Armen. Von ihrer Burg fuhr sie in einem unterirdischen Gang zum Ansbacher Tor in Crailsheim. Dort taten sich die Flügel des Tores von selbst auf. Entfielen ihr die Handschuhe oder Fächer, so flogen sie ihr von selbst wieder zu. Einmal begegnete ihr direkt vor dem Tor ein Sünder, der von einer großen Volksmenge zum Hochgericht geleitet wurde. Die Armesünderglocke wimmerte, und der junge Delinquent weinte. Da fragte ihn Adelheid nach seinem Verbrechen, und als er es ihr unter Tränen gebeichtet hatte, sprach sie zu ihm: »Es geschieht dir recht; du hast den Tod verdient und sollst sterben.« Es war von ihr solche Hartherzigkeit bis dahin nicht bekannt. In demselben Augenblick fuhren die Torflügel, vor denen ihr Gespann hielt, zu, und niemals mehr öffneten sie sich von selbst vor der Gräfin. Der unterirdische Gang von der Schöneburg nach Crailsheim stürzte ein, und bald darauf starb Adelheid. Sie wurde im Kloster Gnadental bei Waldenburg begraben. In Crailsheim und bei allem Volk umher gedenkt man ihrer, denn sie hatte all ihr Vermögen und Hab und Gut den Armen und den Gemeinden vermacht: Felder und Wälder und allerlei Gerechtsame auf Teiche und Fischwasser.

Nach Württembergische Volksbücher

*Die Personen dieser Sage sind leicht zu lokalisieren. Kraft II. von Hohenlohe Weikersheim (*um 1280–1344) gilt als Stammvater der Mitglieder des Hauses Hohenlohe, die nach 1412 lebten. Seine Frau war Adelheid Mechtild von Württemberg, die er im Jahr 1316 geheiratet hatte. Allerdings starb diese bereits 1342, so dass bei ihr von einem Witwenstand kaum gesprochen werden kann. Das Kloster Gnadental im heutigen Ort Michelfeld bei Schwäbisch Hall war eine Zisterzienserinnenabtei, deren Klostervogtei die Grafen von Hohenlohe ausübten. Ihnen diente die Abtei zeitweilig auch als Grablege. Mit der Reformation wurde das Kloster säkularisiert. Die Nonnen durften vorerst dort wohnen bleiben, 1571 starb aber die letzte Priorin. Danach diente das Kloster als Gestüt, Münzstätte und Spital. Das Spitalgebäude und die Dreischiffe Klosterkirche sind bis heute erhalten geblieben.*

Burg Krautheim

Großherzog Leopold zu Krautheim an der Jagst

Es steht ein Turm auf Bergeshöh'
Gleich einem Greis von vielen Jahren,
Der in der Zeiten Lauf manch' Weh'
Und manchen rauen Stoß erfahren.

Man nahm herab sein stattlich Haupt,
Geschmückt mit einem Zinnenkranze –
Die Menschenhand hat ihn beraubt,
Natur schmückt ihn mit neuem Glanze.

Der Efeu hat mit frischem Grün
Den Öden mitleidsvoll umwunden;
Den Schmuck sieht nimmer man verblüh'n,
Er decket zärtlich seine Wunden.

Was ist's – heut' bebt der feste Turm,
Von seiner Höhe bis zum Grunde,
Der nie geschwankt in manchem Sturm,
Bebt heut' vor Lust zur sel'gen Stunde.

Was ist's? von seinem Haupt, sonst kahl,
Weht heut' ein lustig Fähnlein nieder;
Zwei Farben sind's die schau'n ist Tal,
Sie liebt der Bad'ner treu und bieder.

Wohl, denn er sieht von Ferne nah'n
Den Fürsten, treu geliebt wie keiner
Ihn darf er heut' mit Gruß empfah'n,
Den Herrn, von Art auch Ebersteiner!

Was schallt es heut' von Nah' und Fern'?
Man schauet Freude aller Orten,
Für Berg und Tal der Tag des Herrn
Ist heut' ein doppelt Fest geworden.

Wie wallt es von dem Berg herab!
Es bleibt kein Einziges zurücke –
Das Kind eilt, wie der Greis am Stab',
Zu laben sich am selt'nen Glücke.

Ja, Jeder will der Erste sein –
Ein jedes Herz schlägt vor Verlangen,
Will sich an Seinem Blick erfreu'n,
Möcht' Seines Mundes Gruß empfangen.

Nur ein Nam' klingt heut': Leopold!
Er tönt von der Beglückten Munde –
Heil Dir, dem alles Liebe zollt!
So klingt's aus tiefstem Herzensgrunde.

O seltenes, o schönes Wort:
»Der Fürst, beim Vater auf dem Trone,
Auch hier war er, an diesem Ort!«
Vom Vater tönt's zum Enkelsohne.

Der einst dem Ort so nah, mußt' fern
Vom Jubel jenes Festtags stehen –
Er durfte nicht den Blick des Herrn,
Nicht der Getreuen Wonne sehen.

Was er nicht sah, hat ihm genaht,
Ist ihm von Fern' zum Ohr geklungen –
Da hat es ihn zum Lied gemahnt,
Das er zur Harfe laut gesungen.

Ottmar Schönhut: Die Burgen Klöster, Kirchen und Kapelle Badens …

Burg Krautheim heute

Auf einem Bergsporn hoch über der Stadt ist die Burg Krautheim heute schon von weither zu sehen. Der Bau der Burg wurde im 12. Jahrhundert von einem Godefriodus, einem Kleriker, begonnen. Die Brüder Wolfrat, Kraft und Konrad von Krautheim erweiterten sie noch vor Ende des Jahrhunderts um eine hohe Ringmauer. Im 14. Jahrhundert kam die Burg in den Besitz des Erzstiftes Main. Im Jahr 1516 soll dem Kurmainzer Amtmann von Götz von Berlichingen im Vorbeireiten »Er sollt mich hindhen lekhen« zugerufen worden sein. Was Goethe daraus gemacht hat, muss hier sicherlich nicht noch angeführt werden. Die Burg wechselte noch mehrfach den Besitz, bis sie 1839 vom Großherzogtum Baden erworben wurde. 1845 veranlasste Großherzog Leopold I. Friedrich von Baden (1790–1852) Renovierungsarbeiten, was die Lobeshymne im vorstehenden Gedicht erklärt.

Kirchen und Klöster

Fährt man durch Hohenlohe, fallen neben den Burgen und Schlössern auch die Kirchen und Klöster ins Auge. Nicht, dass es in anderen Regionen und Gebieten so etwas nicht auch gäbe, aber doch gewinnt man den subjektiven Eindruck, dass es hier besonders viele und schöne gibt. Möglicherweise spielt die liebliche Gegend eine Rolle dabei, sicher aber auch, dass es ein paar Besonderheiten gibt. Etwa die Comburg, die zwar anders heißt, aber doch ein Kloster ist. Oder das prächtige Kloster Schöntal, nicht weit entfernt eine Kapelle, die an einer Felswand über der Jagst hängt und noch manches mehr. Die Christianisierung hat wie überall im Süden Deutschlands früh begonnen, weshalb nicht wenige romanische Kirchenbauten zu finden sind. So der mächtige Frankendom in Wölchingen und die evangelische Stadtkirche in Creglingen. Zahlreiche Sagen und Legenden ranken sich um diese hohenlohischen Klöster und Kapellen.

Die Kapelle St. Wendel zum Stein

Ein Schäfer aus dem Dorf Dörzbach fand einmal auf der Weide einen großen Schatz, der ihn zum reichen Manne machte. Zum Danke dafür gelobte er, eine kleine Kirche oder Kapelle zu erbauen. Der Platz soll über dem Felsen nahe beim Wald gewesen sein. Er ließ Steine und alles Baumaterial dorthin schaffen. Schon war alles zugerichtet, da wurden über Nacht das Holz und die Steine hinübergebracht bis an das Ufer der Jagst. Niemand wusste, wie es geschehen war. Holz und Stein wurden wieder auf den Felsen geschafft und das Fundament eingesetzt. Am Morgen lagen die Steine wieder unter dem Felsen, wohlgeordnet und aufgesetzt. Da trug man das Baumaterial nicht mehr zurück, sondern nahm dies als Zeichen. Die Kapelle erhob sich bald darauf, aber nicht auf dem Felsen, sondern dort, wohin die Steine jedes Mal über Nacht getragen wurden.

Nach: Birlinger/Buck: Sagen, Märchen und Aberglauben

Links der Jagst zwischen Dörzbach und Hohebach findet sich eine Kalksinterterasse mit einer hohen Felswand. Im Mittelalter baute man hier Material für Häuser in Krautheim und Dörzbach ab. Dort wurden auch Höhlen freigelegt – zuletzt 1936 –, die in der Eisenzeit bewohnt waren, wie Funde darin bezeugen. Im Auftrag Ursulas von Berlichingen wurde als Gelübdeerfüllung zwischen 1511 und 1515 eine dem Schutzheiligen der Hirten, St. Wendelin, geweihte Wallfahrtskapelle gebaut. Wenn man auf der B19 zwischen diesen beiden Orten fährt, kann man die Kapelle auf der anderen Seite der Jagst gut sehen. Man erreichte sie aber nur zu Fuß von einem der beiden Orte aus. Die Felswand, das Jagstufer und der Wald oberhalb stehen seit 1979 unter Naturschutz.

Ein Gotteshaus, aus Wein erbaut

Im Jahre 1388 fing Landgraf Siegobst v. Leuchtenberg an, am Kreckelberg bei Crailsheim Wein anzubauen. Da er das Rebgelände beinahe steuerfrei ließ, so machten es ihm bald etliche nach und pflanzten auch an den sonnigen Hang des Berges Reben an. Da geschah es nun in den neunziger Jahren desselben Jahrhunderts, dass ein regnerischer Sommer ins Land zog, und die Weintrauben am Kreckelberg, die reichlich angesetzt hatten, nicht reifen konnten. Im selben Jahr nun begann man in Crailsheim auf dem Markt die Kapelle »Unsrer lieben Frauen« zu bauen, und viele steuerten zu dem frommen Werk bei. Ein Bürger aber kam auf einen gar seltsamen Gedanken. »Kann man schon den heurigen Wein nicht genießen«, sagte er, »so mag er leicht zu etwas anderem taugen. Ich stifte meinen Kreckelberger, damit der Maurer mit ihm den Mörtel bereite. Denn solch ein Wein zieht nicht nur das Gesicht in Falten, er zieht auch die Steine zusammen, und will's Gott, so hält das Kirchlein tausend Jahre.« Im folgenden Frühling, da wieder die Bauzeit begann, fuhren auf dem Marktplatz zu Crailsheim etliche Weinkarren auf. So ist die Liebfrauenkapelle der Stadt Crailsheim mit Wein erbaut worden.

Nach: Württembergische Volksbücher

Die 1393 geweihte Liebfrauenkapelle im Herzen der Stadt Crailsheim, nahe dem Rathaus, prägt mit ihrem markanten Turm das Stadtbild. Für das Jahr 1522 sind evangelische Gottesdienste bezeugt. Kaum fünfzig Jahre später wurde sie aber nur mehr als Markthalle und Lager genutzt. Diese Phase dauerte jedoch nur acht Jahre, bevor man sie zurückkaufte, renovierte und wieder Gottesdienste darin abhielt. 1702 bekam sie eine erste Orgel und 1727 wurde der Turm um ein weiteres Geschoss und mit einer Zwiebelhaube gekrönt. 1801 verkaufte sie die preußische Regierung erneut. Der Käufer wollte an Stelle der Kirche ein Wohnhaus errichten, was dank der protestierenden Bevölkerung jedoch unterblieb. 1804 fand die Wiedereinweihung statt. Im Zweiten Weltkrieg wurde sie jedoch völlig zerstört. Die Crailsheimer bauten die Kapelle wieder auf (1950–1955), ob wiederum mit Weinzugabe ist allerdings nicht bekannt. Tatsächlich war es im Mittelalter üblich, dem Mörtel Zusätze hinzuzugeben, etwa Milch, Urin und auch Wein, allerdings nicht in großen Mengen.

Die Comburg

Die Comburg

Wo sich Klöster erhoben, hatten zuvor meistens nur kleine Kirchen oder Kapellen gestanden, in denen einzelne Kaplane oder Mönche benachbarter Klöster, oft mehrere Stunden Wegs weit her, den Gottesdienst versehen mussten. Nahe bei dem Schloss Comburg am Kocher stand eine unansehnliche, baufällige Kapelle, welche zu Ehren Gottes und des heiligen Bartholomäus erbaut worden war. Die Mönche des Jakobiterklosters in Hall sangen dort die Messe zu bestimmten Zeiten. Bei dieser Kapelle stand eine große Eiche, unter deren schattigen Ästen die Herren des Schlosses zur Sommerszeit zu sitzen und die angenehme Luft zu genießen pflegten. Das Schloss, das nach dem Absterben der Herren von Comburg den Bischöfen von Augsburg anheimgefallen, aber von diesen schließlich an die Grafen von Rothenburg an der Tauber getauscht worden war, besaßen damals drei Brüder: Burkhard, Heinrich und Rugger. Sie waren junge, lustige und gesellige Grafen, zu denen fast täglich Ritter und Edle aus der

Nachbarschaft kamen. Eines Tages schlief Burkhard unter der Eiche ein. Im Traum sah er statt des Schlosses ein schönes Kloster, und einen Mann im bischöflichen Schmuck, der einen Stab in der Hand hielt und auf dem gegenüberliegenden Berg saß. Über diesen Traum wunderte sich Burkhard sehr und erzählte ihn seinem Bruder Rugger. Beide dachten häufig über die Bedeutung dieses Traumes nach.

Ein frommes Weib, welches unten im Dorf, das jetzt Steinbach heißt, wohnte, erzählte, sie habe an eben dem Tage, da der Graf Burkhard seinen Traum hatte, das gleiche Gesicht in jener Kapelle unter dem Mittagessen gesehen, jedoch wachend und nicht im Traum. Später wollten die Einwohner des Fleckens Hessenthal in der Christnacht ein großes Geläute gehört haben. Darüber erwachten sie. Als sie frühmorgens nach Steinbach gingen, um die Christmesse zu feiern, und dabei an den hessentalischen Hügel kamen, sei es ihnen gewesen, als sähen sie viele brennende Wachskerzen auf dem Schlosse Comburg, und meinten auch einen Chor singen zu hören. Hierüber verwundert und in der Meinung, man begehe in der Bartholomäuskapelle das Christfest, haben sie an dem Schloss angeklopft, um in die Kapelle zum Gottesdienst zu gehen. Aber alle haben noch geschlafen, außer den Wächtern, die von nichts wussten. Als die Sache herumerzählt worden war, wollten auch einige Steinbacher dasselbe zu eben jener Zeit gehört und gesehen haben.

Zu einer anderen Zeit sei ein Graf, der im Westen wohnte, mit dem Grafen Burkhard zum Schloss Comburg geritten. In der Nähe des Berges habe er das Haupt entblößt und sich ganz ehrerbietig gegen den Berg geneigt. Auf die Frage, warum er dies getan habe, konnte er keine Ursache angeben. Burkhard aber, eingedenk des Traums und längst mit dem Gedanken an einen Klosterbau beschäftigt, sagte: »Gott gebe, dass du dich nicht umsonst geneigt hast.«

Inzwischen kam das Pfingstfest heran, und als die drei Brüder an diesem Tag in der Bartholomäuskapelle die Messe hörten, mussten sie weinen. Sie verließen die Kapelle und suchten die große Eiche auf, erinnerten sich dort des Traumes, welchen Burkhard dort gehabt hatte, und entschlossen sich, ein Kloster zu bauen. Wegen des Kriegszugs des Königs Heinrich nach Sachsen, welchen die Brüder Heinrich und Rugger mitmachen mussten, konnte mit dem Bau nicht gleich begonnen werden. Inzwischen nahm Burkhard mehrere geistliche Brüder aus dem Jakobiterkloster in Hall in sein Schloss auf, um einen einstweiligen täglichen Gottesdienst in der Bartholomäuskapelle halten zu lassen. Im Jahre 1070 wurde der Bau des Klosters begonnen, und zu diesem Zwecke das Schloss von Burkhard abgebrochen. Die Ritter und Knappen aber, welche bisher ihre Herberge bei den reichen Grafen von Comburg gehabt hatten, konnten nur mit Gewalt vom Schlosse gebracht werden. Nur mit großem Verdruss und Widerstreben überließen sie den Mönchen die Stätte, wo sie so lange ein vergnügtes Leben als Gäste und Diener geführt hatten.

Nach Wilhelm Zimmermann: Die Geschichte Württembergs

Um das Jahr 1078 stifteten die Grafen von Comburg-Rothenburg der Diözese ein Kloster an der Stelle ihrer Burg. Einer der Grafen, Burkhard, trat als Mönch in dieses neugegründete Kloster ein. Erste Benediktinermönche kamen aus dem Rheinland, doch bereits ein Jahrzehnt nach der Klostergründung wurde ein Mönch aus dem im Nordschwarzwald liegenden Kloster Hirsau Abt im Kloster Comburg. Ab diesem Zeitpunkt wird es zu den Klöstern der Hirsauer Reform gerechnet. Bis zum Aussterben lag die Schutzvogtei bei der Stifterfamilie. Sie fiel 1138 an die Staufer und wurde ein Jahrhundert später von den Schenken von Limpurg beansprucht. Das Kloster wehrte sich und blieb so noch eine Weile unter königlicher Vogtei. Erst der Bischof von Würzburg, der das Kloster seit 1484 als Reichslehen besaß, setzte die Schenken als Untervögte ein. Im 13. Jahrhundert kam es zu einem Niedergang des Klosters und 1326 zum wirtschaftlichen Zusammenbruch. Erst in der zweiten Hälfte des 14. Jahrhunderts besserte sich die Situation für das Kloster. Da viele Mönche aus dem Adel stammten, wurden die Reformbewegungen des Benediktinerordens im 15. Jahrhundert nicht oder nur schwach umgesetzt. Der Würzburger Bischof wandelte das Kloster 1488 in ein adliges Chorherrenstift um, da sich der Konvent ohnehin weigerte, Nichtadlige aufzunehmen. Bis zur Säkularisation blieb das Kloster bestehen, durchlebte aber einige Höhen und Tiefen, etwa zur Zeit des Dreißigjährigen Krieges. Danach diente es als Garnison für dienstunfähige Soldaten, Heimvolkshochschule, Standort für die Hitler-Jugend und Kriegsgefangenenlager. Seit 1947 ist die Comburg Sitz einer Akademie für Lehrerfortbildung. Die Comburg ist weitgehend erhalten und bietet, trotz einiger Abbrüche im 19. Jahrhundert, ein beinahe vollständiges Bild.

Kloster Schöntal

Die Gründung von Kloster Schöntal

Unweit von Schillingsfürst und Rothenburg ob der Tauber, kaum eine Meile von Blaufelden entfernt, lag einst das Schloss Bebenburg. Es war das Stammhaus und der Wohnsitz der edlen Herren von Bebenburg. Der Erste des Geschlechtes, welcher genannt wird, war Wolfram von Bebenburg. Er gilt als der Stifter des Klosters Schöntal. Von seinen jüngeren Jahren wissen wir nichts, als dass er, wie alle Junker seines Standes, sich den ritterlichen Übungen widmete. Als Mann stand er in großem Ansehen, besonders an den Höfen in Bamberg und Würzburg. König und Könige schätzten ihn als Ratgeber, besonders König Friedrich Barbarossa.

Um das Jahr 1146 predigte der heilige Bernhard von Clairvaux in Frankreich und Deutschland. Die außerordentliche, durch den Ruf der Heiligkeit unterstützte Beredsamkeit dieses Mannes bewog schließlich König Ludwig VII. von Frankreich zur Annahme des Kreuzes. Nun sollte auch König Konrad III. dazu bestimmt werden. Dieser

ging aber nicht sogleich darauf ein, und so folgte ihm Bernhard von Frankfurt, wo er ihm den ersten Antrag gemacht hatte, nach Speyer und in die Rheingegenden, wo er ihn öffentlich mit solchem Eifer und Nachdruck aufforderte, dass der bisher unbeugsame Konrad auf einmal mit weinenden Augen ausrief: »Ich will nicht länger undankbar sein, ich bin bereit, Gott zu dienen!«, worauf ihm Bernhard sogleich das Kreuz anheftete.

Wie der König, so nahmen auch viele Fürsten, Grafen, Herren und Leute aus allen Ständen, durch Bernhards Rede begeistert, das Kreuz. Unter ihnen war auch Wolfram von Bebenburg. Er war so bezaubert worden, dass die Folgen davon sich durch sein ganzes Leben zogen. Nicht nur nahm auch er das Kreuz und zog mit Konrad in das gelobte Land gegen die Ungläubigen, er tat auch das Gelübde, dass er, wenn ihn Gott wieder lebend zurückkommen lassen würde, ein Zisterzienser-Kloster stiften wolle.

Der Kreuzzug endete sehr unglücklich. Konrad und Ludwig kehrten mit einem armseligen Überrest ihrer Truppen zurück. Mit dem Ersteren kam auch Wolfram von Bebenburg heim, der von nun an keinen anderen Gedanken mehr im Herzen trug, als wie er sein Gelübde erfüllen könnte. Schon bald schritt er zur Ausführung, obgleich seine Gattin, seine zwei Söhne und seine Tochter seinem Vorhaben viele Hindernisse entgegenstellten. Als Erstes bestimmte er große Güter und Summen für das zu gründende Kloster. Alsdann unterhandelte er mit Dieter, dem Abt des nicht weit entfernten Klosters Maulbronn, das im Jahr 1138 durch Walther, Herrn von Lomersheim gestiftet, schon so blühend war, dass es in einem Jahr zwei neu errichtete Klöster bevölkern konnte. Derselbe sandte ihm drei Brüder, Bernhard, Niebeling und Siboto, mit denen er den auszuführenden Plan weiter überlegte. Waren zuvor Hindernisse aller Art der Gründung des längst beabsichtigten Klosters entgegengestanden, so bot sich bald eine Gelegenheit, das nun beginnende Werk zu fördern. Im Jahr 1156 war König Friedrich, den Wolfram längst persönlich kannte, in Würzburg anwesend, um daselbst mit Beatrix, der Tochter Herzog von Burgund sein Beilager zu halten. Dahin begab sich nun Wolfram mit den drei Brüdern aus Maulbronn und bat um Confirmation seiner Stiftung, welche ihm auch wirklich im März des Jahres 1157 zuteilwurde.

In demselben Jahr, wenige Monate später, erlangte Wolfram auch einen Bestätigungs- und Freiungsbrief vom Bischof Gebhard von Würzburg, in welchem derselbe kündet, dass der edle Mann Wolfram von Bebenburg ein Zisterzienser-Mönchskloster gestiftet, sich selbst dort zum Dienste Gottes gewidmet und das genannte Kloster, so man Neusaß nennt, mit allem dazu gehörigen Grund und Boden der Kirche des heiligen Kilian unterworfen habe. Wer diese Stiftung in künftigen Zeiten anzugreifen oder zu schwächen versuchen sollte, würde mit dem Bann des heiligen Petrus und der ewigen Verdammnis bedroht. Die Urkunde unterschrieben außer einigen angesehenen Herren der Gegend die drei Klosterbrüder aus Maulbronn.

Allein noch mangelte etwas, nämlich die päpstliche Confirmation. Diese sollte erst 19 Jahre später erteilt werden. Der Mangel einer päpstlichen Bestätigung hielt den Stifter jedoch nicht ab, das neue Kloster nicht nur auszubauen, sondern auch einzurichten und einzuweihen, was er umso eher tun konnte, da auch das Kloster zu Citeaux eine Zeitlang der päpstlichen Confirmation ermangelt hatte. Alle Hindernisse wurden beseitigt und das Werk mit Freuden und Liebe fortgeführt. Der Ort, der zum neuen Kloster bestimmt wurde, war Maria Neusaß, ein Allodialgut der Herren von Bebenburg. Dieses, mit geringen diesseits und jenseits gelegenen Bezirken, einigen Waldungen und dem Ackerfeld auf dem sogenannten Brechelberg und Stein, und endlich dem Maierhof Hallesberg mit den dazu gehörigen Gütern und Gerechtigkeiten, trat der von Bebenburg ohne einen einzigen Vorbehalt dem neuen Kloster ab. Da auf dem Berg bereits eine Gott und der heiligen Maria gewidmete Kapelle stand, in der ein weit berühmtes und wundertätiges Muttergottesbild aufbewahrt wurde, zu dem seit undenklichen Zeiten eine Menge von Menschen aus nahen und fernen Orten strömten, um ihre Andacht zu verrichten, so schien dieser Ort angemessen für die neue Stiftung zu sein.

Noch ehe mit dem Bau des Klosters begonnen wurde, ereignete sich etwas, wodurch auf einmal dieser ganze Plan aufgegeben wurde. Nach dem Zeugnis aller vorhandenen Chroniken, die sich auf die Aussagen der älteren Brüder, auf etliche Beschreibungen und eine alte Abbildung des Klosters berufen, war die Geschichte folgende: Als eben die Stifter und die drei Mönche von Maulbronn auf dem zum Kloster bestimmten Platz sich über den neuen Bau beratschlagten, stand plötzlich ein unbekannter, alter, aber sehr ansehnlicher Mann vor ihnen. Der fragte, über was sie sich so eifrig unterredeten? Als er ihre Absicht vernommen hatte, sagte er: Verlasst diesen Platz und seht bergabwärts, dort unten ist ein schönes Tal. Darauf verschwand er plötzlich vor aller Augen. Da man nicht zweifelte, dass der Unbekannte vom Himmel gesandt sei, um sie von einem Platz zu entfernen, der es allerdings unmöglich machte, der Regel des heiligen Benedikt getreu zu leben – die Zisterzienserregeln verlangen, dass ein Kloster von einem Gewässer durchflossen wird – und um ihnen einen zu diesem Zweck angemesseneren Ort anzuweisen, so warfen sie sogleich ihr Auge auf den bezeichneten Ort. Wolfram von Bebenburg unternahm, es bei seinen Verwandten – seine Mutter war eine Geborene von Berlichingen –, anzufragen. Sogleich war das zur Stiftung nötige Ackerfeld nebst dem daran stoßenden Grund und Boden von der Berlichingen'schen Familie dem Kloster abgetreten. Allerdings stellte man die Bedingung, dass den Herren von Berlichingen das Begräbnis im Kreuzgang auf alle Zeiten gestattet werden müsste. Abt und Konvent sollen die vor die Klosterpforte gebrachte Leiche prozessionsweise in die Kirche begleiten, und dort die gewöhnlichen Exequien für den Verstorbenen halten lassen. Dies wurde zugesagt und erst zur Zeit der Reformation aufgehoben.

Nun wurde also Neusaß aufgegeben, und das Kloster in dem abgetretenen Tal, nahe der Jagst, erbaut. Jetzt musste auch an die Belegung des Klosters gedacht werden. Auch für diese sorgte der Abt von Maulbronn, indem er außer den früher schon angegebenen noch neun andere Mönche schickte. Wie in den Zisterzienser-Klöstern üblich machten nach der Zahl der Apostel zwölf Mönche den Anfang des neuen Klosters. Herwig war der erste Abt, Bruder Heinrich der erste Prior und Bruder Bernhard der erste Großkeller. Die Regeln des heiligen Benedikt wurden eingeführt und die Disziplin sowie die ganze Einrichtung auch im Äußeren, dem Zweck und den Gewohnheiten des Ordens gemäß angeordnet. Das Werk stand nun vollendet da.

Und nun, da sein teuerster Wunsch befriedigt, sein Gelübde erfüllt war, hätte sich Wolfram von Bebenburg wieder seiner Familie und dem Dienst der Fürsten widmen können. Aber der Eindruck, den der heilige Bernhard auf sein Herz gemacht hatte, war zu stark und dauernd. Die Beschäftigung mit der Gründung des Klosters hatte ihn noch vermehrt. Das Irdische ekelte ihn an, nur das Übersinnliche hatte Reiz und Interesse für ihn, und diese Sehnsucht nach dem Höheren glaubte er nach Denk- und Gefühlsweise jener Zeit durch Verlassen der Welt und Verschließung in das Kloster am besten befriedigen zu können. Es war seinem Herzen nicht genug, als Mönch in das Kloster zu treten, nur Laienbruder, nur der Niedrigste von Allen wollte er sein. Von da an verschwindet er gänzlich aus der Geschichte. Selbst der Tag seines Todes und der

Ort seines Begräbnisses sind unbekannt, und es ist keine bloße Vermutung, dass er auch im Grab von seinen lieben Mitbrüdern nicht habe abgesondert sein wollen, und daher auf dem gemeinen Kirchhof beigesetzt sei. Doch zu Schöntal liegt er begraben. Es wurde zum immerwährenden Gedächtnis an ihn eine Statue errichtet, die ihn im Mönchshabit vorstellt und die Aufschrift hat:

Anno Domini MCLVII
Wolfram de Bebenburg fundavit hoc monsterium, et postea induit habitum conversorum, cujus anima requiescat in pace.

Sein Gedenktag wurde auf den 12. November gelegt, und es wurde sowohl für ihn als auch seine Nachkommen beiderlei Geschlechts jeweils ein Amt abgesungen.

Nach Ottmar Schönhut: Die Burgen, Klöster, Kirchen und Kapellen Württembergs

Das Kloster an der Jagst wurde im Jahre 1153 zunächst in Neusaß gegründet. Stifter war Wolfram I. von Bebenburg. Ab 1157 erfolgte unter dem ersten Abt Herwig der Umzug ins wenige hundert Meter entfernte Tal an der Jagst. Insofern ist die Sage schon zu korrigieren, denn der Klosterbetrieb, wenn auch vielleicht im Kleinen, musste schon begonnen haben. Korrekt ist auch, dass das Land von den Herren von Berlichingen zur Verfügung gestellt wurde und entsprechend der Abmachung wurde auch der berühmteste dieses Adelshauses, Götz von Berlichingen, dort im Kreuzgang begraben. Ludwig VII. von Frankreich, auch der Jüngere genannt, könnte in die Zeit passen, denn er nahm am zweiten Kreuzzug (1147–1149) teil. Konrad III. aus dem Adelsgeschlecht der Staufer ist ebenfalls korrekt angegeben, denn er nahm ebenfalls am zweiten Kreuzzug teil. Auch Friedrich Barbarossa ist richtig in die Sage eingebunden. Seine Heirat mit Beatrix von Burgund im Jahr 1156 in Würzburg ist belegt. Sagenhaft und nicht nachweisbar ist lediglich die Legende von der Verlegung des Klosters von Neusaß an die Jagst. Die Wallfahrtskapelle an diesem Wohnplatz der Gemeinde Schöntal geht auf die erste Klosterkirche zurück und ist noch heute zu sehen.

Das Wahrzeichen in Schöntal

Das Wahrzeichen in Schöntal rührt von dem Abt Benedikt Knüttel her, der aus Landen war. Während des Kirchenbaues begleiteten den Abt zwei Hirsche und ein Pudel auf das Schiefergerüst bis zum Dach der Kirche. Dieses ließ Knüttel alsbald in Stein hauen und dort oben anbringen. Dabei vergaß er seine Verse nicht:

Ein groß Paar Hirsch sammt einem Hundt
Nebst ihrem Herrn frisch und gesundt,
Auf diesem Platz vor Zeiten stundt,
Mit Wahrheitsgrund sey dieses kundt.

Nach Birlinger: Sagen, Märchen Volksaberglauben …

Diese kurze Sage handelt von Benedikt Knittel (1650–1732), der ab 1683 Abt im Kloster Schöntal war. Er wurde in Lauda (an der Tauber) geboren. Knittel war vor allem für den Bau der barocken Klosterkirche verantwortlich. Ob er dabei auf den Gerüsten von Hirschen und Pudel begleitet wurde, ist eher in Zweifel zu ziehen. Als Dichter hat er jedoch im Kloster und besonders an der Klosterkirche seine Spuren hinterlassen, nämlich als Bauinschriften innerhalb und außerhalb des Klosters, sogenannte Chronogramme. Für die sogenannten ›Knittelverse‹ (unregelmäßige Paarreime) ist er aber nicht der Urheber.

Der Marienbrunnen auf dem Burgberg bei Crailsheim

Unweit der Stadt Crailsheim ragt der schönste Aussichtspunkt des Frankenlandes auf, der Burgberg. Er wird auch »fränkischer Rigi« genannt. Dort stand auf Bergeshöhe einst ein Kirchlein, das der Gottesmutter Maria geweiht war. Wie es erbaut wurde, davon erzählt eine Legende.

Es war ein heißer Tag im Sommer des Jahres 1441. Ein Hirte weidete seine Herde auf dem einsamen Gipfel des Burgbergs. Da ihn seine Augen schmerzten, legte er sich in den Schatten einer mächtigen Zwieselbuche und versank in Schlummer. Da hatte er einen lieblichen Traum. Er sah einen Engel vom Himmel herabschweben, der an die Gabelung der Zwieselbuche trat und dort Wasser schöpfte. Mit diesem benetzte er die schmerzenden Lider des Hirten, so dass sie sofort gesundeten. Zum Hirten sprach der Bote Gottes: »Geh den Berg hinab und suche dir Steine. Fülle damit dreimal deine Hirtentasche und trage sie zu dieser Stelle. Dann beginne bald, eine Kirche zu bauen, denn Gott der Herr will geehrt sein auf der Zinne dieses Berges.«

Danach verschwand die seltsame Erscheinung und der Hirte erwachte. Aber die Worte des Engels bewegten sein Herz, und er tat, wie ihm im Traum befohlen wurde. Er ging und holte drei Taschen voll Steine. Danach zog er aus, Maurer und Zimmerleute zu dingen. Doch als die Werkleute das winzige Häuflein kleiner Steine erblickten, wollten sie im Unmut über den Hirten herfallen, vermeinend, er habe sie zum Besten halten wollen. Aber während sie sich herumstritten, waren die Steinchen zu großen Steinen und Quadern geworden, und überwältigt von diesem Wunder des Herrn bauten Maurer und Zimmerer unentgeltlich ein stattliches Kirchlein auf der Bergeshöhe, mitten im tiefen Burgbergwald. Und bald kamen viele fromme Wallfahrer von weit und breit und die wundertätigen Wasser aus der gezwieselten Buche sollen manchem Augenkranken Heilung verschafft haben. Viele seien mit Lob und Preis heimgezogen von der Marienkapelle auf dem Burgberg.

Nach Württembergische Volksbücher

Fragt man heutzutage nach dem »fränkischen Rigi« in Crailsheim, wird man auf Gasthöfe und Speisekarten verwiesen. Der Burgberg (534 m ü. NHN) ist westlich von Crailsheim zu finden, nördlich des Dorfes Oberspeltach. Eine Kirche oder Kapelle ist dort nicht zu sehen, dafür ein 30 Meter hoher Aussichtsturm, der Burgbergturm.

Die Glocke von Bernhardsweiler

Für das Kirchlein zu Berndhardsweiler stiftete vor Zeiten eine Gräfin eine Glocke, die viel Silber enthielt. Man nannte sie nach dem Namen der Gräfin ›Anne Susanne‹. Im Schwedenkrieg nahm man die Glocke ab und vergrub sie im Wald, da, wo jetzt das Weiße Haus steht. Erst hundert Jahre später wurde sie von Wildschweinen aus dem Boden gewühlt und bald darauf von Leuten gefunden. Da niemand wusste, wohin sie gehöre, so hängte man sie in den Kirchturm des benachbarten Dorfes Sinbronn. Doch wenn sie geläutet wurde, ließ sie nur ein schwaches Getön hören, welches lautete:

Anne Susanne,
Zu Berndhardsweiler an der Stange
Will ich hangen!

Nachdem man diese Worte endlich verstand, brachte man die Glocke in das Kirchlein zu Berndhardsweiler, wo sie, gleich beim ersten Läuten, ihren schönen, kräftigen Klang wieder erklingen ließ.

Nach Baader: Volkssagen aus dem Lande Baden …

Bernhardsweiler, ein Ort, der zur Gemeinde Fichtenau im Landkreis Schwäbisch Hall gehört, besitzt mit der St.-Anna-Kirche ein Bauwerk aus dem Spätmittelalter. Urkundlich erwähnt wurde sie erstmals um 1364. Kirchenglocken schmolz man im Dreißigjährigen Krieg gern für Rüstungszwecke ein. Deshalb ist es sicher kein Einzelfall gewesen, dass die Einwohner von Bernhardsweiler ihre Glocke versteckten. Andere Sagen erzählen ebenfalls von Glocken, die jedoch nicht fortzubringen waren. Von St. Wendel sollte beispielsweise eine Glocke, die ebenfalls Susanna hieß, in das St. Georgen-Kloster gebracht werden. Das ließ sie aber nicht zu und versank schließlich samt Fuhrwerk, Fuhrmann und Pferd in einem Weiher, wo man sie zuweilen noch klingen hören soll (siehe: Birlinger: Sagen, Märchen, Volksaberglauben).

St. Loy der Schmied

Bei Wolpertshausen steht eine Kapelle, die dem heiligen Loy geweiht ist. Dieser St. Loy war ein Schmied, der alle bösen Pferde beschlug. Hatte er sie beschlagen, so waren sie bald wieder gut und zahm. Kranke Pferde heilte er. Brachte man ihm ein Ross, so nahm er ihm den Fuß ab, legte ihn auf den Ambos und beschlug ihn. Gleich darauf war der Fuß wieder, wo er hingehörte. Die Leute um Wolpertshausen führten alle ihre Pferde zur St. Loy's Kapelle, wo sie vom Priester geweiht wurden. Die Schmiede verehren den St. Loy (Eulogius) als ihren Heiligen und Patron. Es gab ehedem in ganz Oberschwaben keine Schmiede, in der nicht ein Bild von St. Loy mit dem abgenommenen Fuß, meistens in Stein ausgehauen, zu finden war. Um den Federsee herum trifft man solche Figuren von Schmieden noch öfter.

Nach Birlinger: Schwaben - Sagen, Legenden, Aberglauben ...

Hinter St. Loy verbirgt sich Eligius von Noyon (um 589–660). Er war Bischof von Noyon in Nordfrankreich. In der römisch-katholischen Kirche wird am 1. Dezember an ihn gedacht. Ursprünglich hatte er das Goldschmiedehandwerk erlernt, war später Schatzmeister der Merowingerkönige Chlothar II. und Dagobert I., verließ nach dem Tod des letzten den Königshof und empfing die Priesterweihe. Es ranken sich zahlreiche Legenden um ihn. So erzählt man, dass er vor der Zeit als Goldschmied ein Hufschmied gewesen sein soll. Als Schmied soll er auch eine Teufelin mit der Zange in die Nase gezwickt und so weibliche Versuchung abgewehrt haben. Wolpertshausen ist eine Gemeinde nordöstlich von Schwäbisch Hall.

Städte und Dörfer

In Deutschland gibt es mehr als 2000 Städte, davon sind 82 Großstädte (Einwohnerzahl > 100.000 Einwohner). In Hohenlohe gibt es eine ganze Reihe kleiner Städte, die aber alle Kleinstädte sind. Keine einzige Großstadt ist darunter und nur wenige Mittelstädte (Einwohnerzahl > 20.000 Einwohner). Die größte Stadt ist Schwäbisch Hall mit nicht ganz 42.000 Einwohner (Stand 2022). Es folgen Öhringen mit etwa 25.000 und Bad Mergentheim mit etwa 24.000 Einwohnern. Alles andere sind Kleinstädte mit weniger als 20.000 Einwohnern. Die Städte in dieser Region haben ungeachtet ihrer Größe alle ausnahmslos eine lange Geschichte und sie sind, wie die meisten Dörfer, wie das Land – hübsch anzusehen.

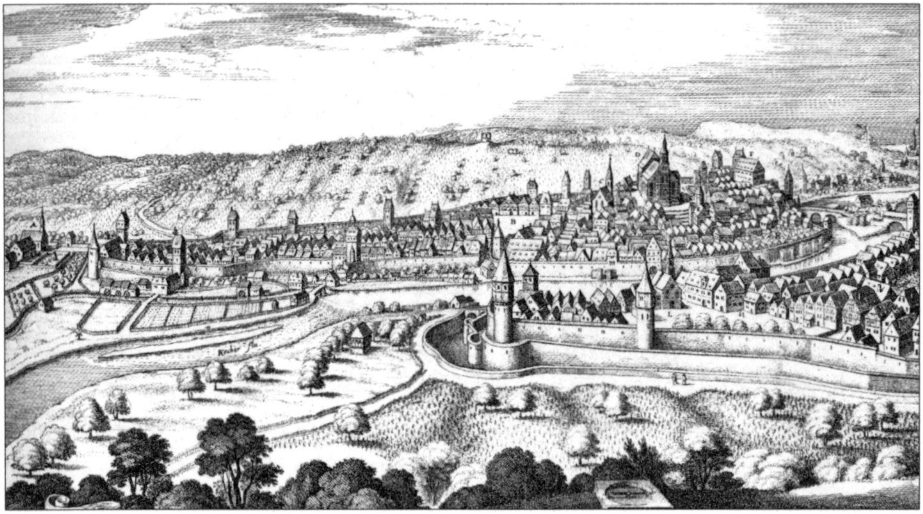

Hall

Der Ursprung der Stadt Hall

»Hall am Kochen, Schwebischen Hall genannt, jetzo ein Kaysserliche Reichstatt, durch welche der Fluß Koch fleust, unnd sich zerthailt, uff welchem das Holtz zu dem gesodt, das Salz zu sieden geflöst wird.« *Dieser erste Satz aus der Chronik des Johann Herolt zeigt, dass es nicht immer eine leichte Sache ist, alte Texte und Chroniken zu lesen, selbst wenn sie aus einer Zeit stammen, in der nicht mehr Latein die Schriftsprache für derartige Aufzeichnungen war. Deshalb habe ich den restlichen Text in eine verständliche Sprache übertragen und mit einigen Kürzungen versehen.*

Hall am Fluss Kocher, Schwäbisch Hall genannt, ist eine Königliche Reichsstadt, durch welche der Fluss Kocher fliest und sie zerteilt. Auf dem Fluss Kocher wird das Holz geflößt, das zum Salzsieden benötigt wird. Über Hall, die löbliche Reichsstadt, von deren Ursprung ich vernommen, und in diesem Büchlein werde ich von den Alten berichten und aufschreiben. Ehe Hall eine Reichsstadt geworden ist, hat dieser Ort zu den sieben Burgen geheißen, wie man Schloss und noch einige Burgen sieht. Aber durch Erfindung des Salzbrunnens wurden immer mehr Leute angezogen, die dort wohnen wollten. Es sollen sich viele Adelige gen Hall gewandt haben, das nicht allein der sieben Burgen und Schloss in der Stadt, sondern auch der Umgebung wegen. Etwa eine Meile rundum waren Burgstadel und Schlösser angezeigt, so dass viele des Adels in und um Hall ihre Wohnung hatten. Manche Geschlechter und Nachkommen, sind in und um Hall noch vorhanden. Es sind aber etliche Geschlechter mit der Zeit abgestorben.

Vor sechs- oder siebenhundert Jahren ist um Hall eine ganz raue, unbewohnte, waldige Gegend gewesen. Da, wo später der Salzbrunnen gebaut wurde, hat eine seltsame Lache gestanden, zu der immerzu das Wild gelaufen kam, und gelecket hat. Nicht wenige haben dort auch ihren Bau gehabt. Dadurch wurde diese Gottesgabe, der Salzbrunnen, geoffenbart. Den Salzbrunnen gebaut hat ein Graf aus dem Westen, der etwa am Kocher innerhalb einer Meile Wegs seine Herrschaft in einem Schloss gehabt hat. In dieser Zeit stand die Pfarrkirche im Westen. Der Graf hat sich unterfangen, etliche Häuser und Hütten in die Wildnis bei dem Salzbrunnen zu bauen, und verordnet, das Salz zu sieden. Zu diesem Salzwerk kamen von Tag zu Tag mehr Leute und Volk, bis der Ort also zu einer ansehnlichen Reichsstadt gewachsen war.

Nach W. Johann Herolt: Chronica

Ottmar Schönhut berichtet im Vorwort der von ihm herausgegebenen Chronik aus dem 16. Jahrhundert, dass diese bis zu dieser Veröffentlichung nie im Druck erschienen war, sondern durch Handschriften verbreitet wurde. So erklärt sich diese umständliche Sprache, die sicher durch das häufige Abschreiben durch unterschiedliche Personen manche sprachliche Eigenart im Laufe der Zeit hinzugewonnen hat. So recht scheint nicht klar zu werden, wie denn nun die Stadt Hall entstanden ist. Es wird von sieben Burgen gesprochen, die dort, wo jetzt die Stadt liegt, vorhanden gewesen sein sollen und dass sich durch die Saline alles geändert habe. Tatsächlich haben schon die Kelten dort Salz gewonnen. Urkundlich belegt ist eine mittelalterliche Stadt erst im 11. Jahrhundert und da wurde ebenfalls schon die Saline genutzt. Aber es mag sein, dass die Bedeutung durch die Salzgewinnung im Mittelalter stetig stieg. Mit ›Graf aus dem Westen‹ ist der Ort ›Westheim‹ gemeint, der heute zur Gemeinde Rosengarten gehört.

Die Kinderwallfahrt

Im Jahre 1448 hat es sich zugetragen, dass zu Schwäbisch-Hall am Donnerstage nach Pfingsten plötzlich eine Sehnsucht die Knaben überkam, nach Sankt Michael in der Normandie zu wallfahren. Es gingen ihrer über zweihundert an der Zahl wider den Willen ihrer Eltern auf einmal von dannen, denn sie wurden von dieser Sehnsucht ganz schnell und plötzlich erregt. Die Kinder ließen sich nicht einmal von ihren eigenen Müttern halten, auch erfolgte bei einigen, welche mit Gewalt zurückgehalten wurden, alsbald der Tod. Es war wohl, wie ein alter Chronist vermerkte, eine seltsame und wunderliche Begeisterung. Da sich die Knaben nicht halten ließen, so gab ihnen der für das Wohl der Stadtkinder besorgte Rat zum Geleit einen Schulmeister und einen Esel mit, damit ihnen nichts Böses zustoße. In so guter Gesellschaft mag wohl die weite Reise und Betfahrt glücklich verlaufen sein. Als die Kinder fort waren, erfolgte eine große Pest, und es war vielleicht Gottes Hand, welche den Knaben winkte, dieser zu entgehen. Wunders genug war es, dass diese Knaben so weit außer Landes begehrten und zogen, da es doch im Schwaben- wie im benachbarten Franken- und Bayernlande der berühmtesten Wallfahrtsorte eine übergroße Menge gab.

Nach Ludwig Bechstein: Deutsches Sagenbuch

Wallfahrten waren im Mittelalter keine Seltenheit, auch wurden dabei Kinder von ihren Eltern mitgenommen. Das sich aber Gruppen von Kindern allein auf den Weg machten, erregte schon zur damaligen Zeit Aufmerksamkeit. In der Zeit von 1456–59 machten sich nicht nur in Schwäbisch Hall Kinder auf den Weg an die französische Atlantikküste. In einer alten Kölner Chronik steht; »... ind dat werde wail bi 2 jair, ind dat hoiven an clein kinderchin von 8,9, 10 und 12 jairen uis allen landen, steden, dorpen, uis Deutschlant ind Weltschlant ind ouch uis anderen landen.« Es war also für eine kurze Zeitspanne ›Zeitgeist‹, dass Kinder sich auf den Weg machten zum Mont-Saint-Michel, eine der damals wichtigsten Stätten der Verehrung des Erzengels Michael. Es waren vor allem Kinder aus dem Rheinland und Südwestdeutschland, die damals loszogen. Über die Rückkehr gibt es widersprüchliche Berichte. Die einen erzählen, dass die Kinder gesund und wohlbehalten in ihre Heimatstädte zurückkehrten, andere, dass nur wenige Kinder nach Hause kamen. Vermut-

lich sind beide Aussagen korrekt, jeweils auf einzelne Pilgergruppen bezogen. Die Salzburger Kinder brachen ziemlich spät auf, sie waren die vorletzte Gruppe, die zur Atlantikküste zog. Da Schwäbisch Hall dem Erzengel Michael besonders verbunden war – laut einer Sage hat er einen Drachen getötet, der die Solequellen zum Versiegen gebracht hatte –, könnte hierin eine Deutung für die Motivation der Kinder vermutet werden, die sonst insgesamt im Dunklen liegt.

Die Horaffen

Das zu Ende gehende 14. Jahrhundert brachte für das Frankenland eine trübe Zeit. Städte und Ritter befehdeten sich, und der Bauer musste die Zeche bezahlen. Das Elend lag vielgestaltig über den fränkischen Gauen. Doch schlimme Zeit weckt starken Geist und kühnen Mut. So auch bei den Crailsheimer Bürgern und Bürgerinnen. Es war im November des Jahres 1379, als von drei Seiten feindliche Horden gegen das Städtchen Crailsheim heranzogen. Die Reichsstädte Hall, Rothenburg und Dinkelsbühl hatten ihre Scharen aufgeboten, um gegen Herrn Gottfried und Herrn Ulrich von Hohenlohe wegen großen Unrechts zu Streit und Fehde auszuziehen. Das befestigte Crailsheim war damals hohenlohisch, und weil es schon in jener Zeit nach dem Wort ging: ›Herren sündigen, Bürger büßen‹, so wurde die Stadt Crailsheim von den Reichsstädtern berannt.

Dieser Ansturm hatte keinen Erfolg, es wurde darum die Stadt eingeschlossen. Doch der Mut der Belagerten war durch nichts zu dämpfen. Alle Bemühungen der Feinde, die Stadt zu überwältigen, waren umsonst. Tag und Nacht verteidigten sich die Crailsheimer aufs glücklichste, und wenn die Kraft der Männer zu erlahmen drohte, traten die Weiber auf den Plan. So zog sich die Belagerung durch fünf lange Wintermonate hin. Ein starker Mann namens Burkhardt – so erzählt ein Chronist – wurde der Held des Tages. Der habe einmal während der Nacht mit dem Feind seine Defension gehabt und am andern Morgen gesagt, es habe ihn nachts immer einer so heftig geplaget. Der habe versucht immer und immer wieder auf die Mauer zu steigen, so oft er ihn auch durch Stiche mit seiner Hellebarde hinabgejagt habe. Aber als man hernach über die Mauer gesehen, da lagen der toten Feinde gar viele drunten, von Burkhardts Hand erschlagen.

Nicht minder tapfer hielten sich die Frauen. Steine, Asche, Lauge, Sand, Kalk, brennende Kränze und anderes sollen sie auf die Feinde geworfen haben. So wurde deren Anstürmen immer erfolgreich abgeschlagen. Da fassten die Belagerer den Entschluss, die Stadt auszuhungern. Die Not der Eingeschlossenen stieg aufs Höchste. Die Lebensmittel gingen zur Neige. Doch die Frau des Bürgermeisters wusste Rat. Die Frauen buken vom letzten Mehl die traditionellen Hörnchen, die in der Stadt Horaffen genannt wurden, und warfen sie über die Stadtmauer. Die Bürgermeisterin, eine starke Persönlichkeit, stieg auf die Mauer der Stadt und zeigte den Feinden – auf eine freilich wenig weibliche Weise, doch helf' was helfen mag! – denjenigen umfangreichen Teil ihres leiblichen Daseins, wo der Rücken seinen anständigen Namen verliert. Da stutzten die Belagerer und verzweifelten daran, die Stadt je aushungern zu können. Es war der Mittwoch vor Estomihi (7. Sonntag vor Ostern) anno 1380, als sie ihre Zelte abbrachen und sich von dannen machten, indem sie im Abzug noch den Bürgern Crailsheims das Scheltwort »Horaffen« zuriefen. Das war ein Freudentag für die Bewohner der Stadt. Und noch heutigen Tags wird das Andenken an jene Errettung im »Stadtfeiertag« lebendig erhalten. Da ist Gottesdienst, und die Schulkinder erhalten ein mürbes Gebäck, »Horaffen« genannt.

Nach Württembergische Volksbücher

Noch heute wird jedes Jahr am Mittwoch vor Estomihi die Stadt beflaggt und mit einem kleinen Festakt gefeiert. Das Gebäck soll an das Hinterteil der Bürgermeistersfrau erinnern. Es geht allerdings auf ein keltisches Abwehrzeichen zurück, das früher über Haustüren angebracht wurde.

Eppelein von Gailingen in Crailsheim

Einstmals wollte Eppelein den Weiler Erkenbrechtshausen bei Crailsheim überfallen. Im dortigen Schloss lebte der Edelmann Fritz Gaymann von Crailsheim. Der war reich, und die Silberstücke waren in seiner Schatzkammer simriweise aufgeschichtet. Auf diese Schätze hatte es Eppelein abgesehen. Aber nicht immer ist das Glück den Wagehälsen hold. Eppeleins Anschlag misslang, und er wäre beinahe gefangen genommen worden. Mit leeren Taschen musste er abziehen und in eiliger Flucht davonjagen. Die Verfolger trieben ihn vom Dorf aus gegen das Jagsttal. Nun hat sich aber die Jagst unweit Erkenbrechtshausen eine tiefeingeschnittene Rinne ins Gelände gegraben und zieht unter jähen, fast senkrechten Felsabstürzen dahin. Dort schien es kein Entrinnen mehr für Eppelein zu geben. Es sah so aus, als müsste er sich den nachstürmenden Feinden ergeben. Von allen Seiten drangen sie auf ihn ein. Vor ihm gähnte der Abgrund. Da fasste der Kühne noch im letzten Augenblick den todesmutigen Entschluss, in die Tiefe zu setzen und sich so seinen Verfolgern zu entziehen. »Appele, hopp!« erklang sein Kommandoruf, und alsobald trug das Tier seinen Herrn davon und hinab in die grausige Tiefe. Die Wasser der Jagst schlugen über dem Reiter zusammen, aber unversehrt tauchten Ross und Reiter aus den Fluten des Flusses empor und jagten bald im Talgrund dahin, als wäre nichts Besonderes vorgefallen. Auf dem großen Felsblock aber inmitten des Flussbettes zeigte man noch nach Jahrhunderten die Spuren der Hufeisen, die Eppeleins Rappe ins Gestein geschlagen hatte. Nunmehr ist der Steinblock in ein Bauernhaus zu Bölgental eingemauert worden. Der Wanderer aber, der vom »Beierlesstein« bei Erkenbrechtshaufen, der Stelle, an der Eppelein seinen kühnen Sprung getan haben soll, in die Tiefe schaut, kann sich eines geheimen Schauderns nicht erwehren.

Etliche Jahre darnach stattete Eppelein der Stadt Crailsheim einen Besuch ab. Er hatte es auf den freiherrlich von Ellrichshausenschen Edelhof und dessen Schätze abgesehen. Aber ebenso klug als kühn band er sein Pferd nicht, wie andere Besucher es taten, im Gaststall an, sondern ließ das Tier außen in der Freiung des ummauerten Hauses umhergehen. Währenddessen drang er keck in die Kammern und Zimmer vor. Aber bald wurde er entdeckt, und ein Tross Knechte war hinter ihm her. Er wurde von Gelass zu Gelass gejagt und erreichte nur mit großer Not wieder das Freie. Hurtig schwang er sich auf sein Pferd, und weil das Tor inzwischen verschlossen worden war, rief er sein »Appele, hopp!«, und wieder trug das treue Tier seinen Herrn rasch und sicher über die Mauerbrüstung hinweg. Bei diesem gewaltigen Sprung verlor das Pferd eines seiner Hufeisen. Es flog auf das Dach eines Nachbarhauses, und dort blieb es mehr als fünf Jahrhunderte liegen. Erst in den 1880iger Jahren wurde es von dem damaligen Hausbesitzer entfernt.

Nach Württembergische Volksbücher

Mit richtigem Namen hieß er Apollonius von Gailigen (um 1320–1381). Er war ein fränkischer Raubritter, der insbesondere die Handelswege um Nürnberg unsicher machte. Die Reichsstadt verhängte die Reichsacht über ihn. Als der Graf von Hohenlohe eine Fehde mit den Nürnbergern austrug, kämpfte er auf dessen Seite. Eppelein entkam seinen Feinden immer wieder, weshalb sich zahlreiche Sagen um ihn ranken. Als man seiner im Jahr 1381 endlich habhaft wurde, band man ihn in der Oberpfalz auf das Rad und richtete ihn qualvoll hin. An der Stelle nahe Crailsheim, wo Eppelein den tollkühnen Sprung ins Jagsttal getan haben soll, steht eine Tafel. Auch heute schaut man noch schaudernd hinunter und möchte diesen Sprung nicht nachmachen.

Räuber, Geister und Erscheinungen

Das nicht immer alles mit rechten Dingen zugehen kann, ist Stoff vieler Sagen. Was sich nicht gleich erklären lässt, lastet man gerne dem Bösen oder anderen übersinnlichen Wesen an. Räuber werden manchmal heroisiert, manchmal aber auch mit ihrer ganzen Schrecklichkeit geschildert, wie beispielsweise beim Straußenkrieg in Schwäbisch Hall.

Die Waldenburger Fastnacht

Der Waldenburger Hofprediger Apin berichtet in seiner Trauerpredigt, von der eine handschriftliche Abschrift erhalten ist: »Anno 1570 den 7. Februar ist es zu Waldenburg übel hergegangen und hat sich ein leidiger Fall begeben. Da hat der leidige Satan aus Gottes Verhängnis eine schreckliche Tragödie und Spektakel angerichtet und als ein arger Schadenfroh sein Mütlein nach Lust gekühlt. Darum soll man ihn nicht über die Tür malen, noch ihn zu Gaste laden, dann kommt er wohl selbst, oder wo er gleich selbst nicht hinkommt, da schickt er seine Boten hin.

Damals waren zu Waldenburg in der Fastnacht neben den Grafen und neben denen von Adel beieinander neun Gräfinnen. Von denen gingen die meisten vermummt in einem schönen englischen Habit, in weißer Kleidung mit weißen papierenen Flügeln, wie man die Engel zu malen pflegt. Sie trugen auf ihren Häuptern weiße papierene Kronen, in denen kleine Wachslichtlein brannten und leuchteten. Dagegen vermummten sich die Herren und der Adel mit einem scheußlichen Habit. Sie ließen an ihre Hosen und Wämsen an den Armen und Beinen dick Werg von Flachs mit starken Fäden annähen und anknüpfen. So traten sie herein, zottig und zerlumpt, wie man die Cacodämones und den schwarzen Höllenhund zu malen pflegt.

Indem sie nun nach gehaltenem Tanz bei nächtlicher Weile um den zehnten Schlag auf dem oberen Saal bei dem Licht kniend einander einen Mummentanz bringen, dabei mit dem Licht nicht vorsichtig umgehen, entzündet sich an den brennenden Kerzen das Werg. Bald ist im Saal ein großer Tumult und Auflauf, ein großer Schreck. Schreien und Klagen sind zu hören. Kunz von Vellberg ergreift alsbald die Flucht und also vermummt springt er die Treppen hinab, dass er unversehens davonkommt und von den andern nicht angesteckt wird. Aber Veltin von Berlichingen und Simon von Neudeck, auch Graf Albert von Hohenlohe-Neuenstein verbrennen also hart, dass sie etliche Wochen zu Bett liegen müssen. Graf Georg von Tübingen empfängt das Abendmahl am 22. Februar, und stirbt am 5. März. Er wird begraben zu Öhringen in der Stiftskirche, wo ich eine Leichenpredigt für ihn gehalten habe.

Mein gnädiger Herr Graf Eberhard verbrennt so hart, dass man ihm hernach alle Finger an beiden Händen vorne abschneiden musste. Am 29. Februar empfing er das

Waldenburg.
A
B
C

Abendmahl und starb hernach am 9. März und wird am 11. März zu Öhringen in der Stiftskirche neben seiner Frau Mutter und neben Graf Georgen begraben. Am 14. März ließ sich Graf Albrecht wieder heim nach Neuenstein fahren und ist mit Rat und Hilfe seiner Frau Mutter wieder aufgekommen.«

Diese dokumentierte Begebenheit hat sich im Volk zu folgender Sage gewandelt: »Eine Gesellschaft junger lustiger Leute hatte sich vereinigt, den Fasching auf dem Schloss Waldenburg mit rechter Ausgelassenheit zu begehen. Zwölf von ihnen ließen sich zu diesem Zweck Teufelsmasken mit Hörnern, Schweif und Klauen anfertigen. Sie umgaben ihre Kleider mit Werg und neckten so die übrige Gesellschaft auf eine ziemlich ausgelassene Weise. Als endlich die Mitternachtsstunde vom Schlossturm tönte, fand sich plötzlich ein dreizehnter Teufel, völlig gleich gekleidet wie die übrigen, unter den Gästen ein. Dieser überbot die Anderen noch bei Weitem an Ausgelassenheit, hatte aber in kurzer Zeit auch eine auffallende Unordnung und Bestürzung im ganzen Schloss verbreitet. Die Gäste laufen verwirrt untereinander herum, und ehe man sich versah, standen die zwölf Teufelsmasken, deren Kleider Feuer gefangen hatten, in lichten Flammen. Hilfe rufen durchrannten sie die Zimmer und stürzten sich endlich bewusstlos in den tiefen Schlossgraben, der noch in derselben Nacht vertrocknete. Allein zur Verwunderung aller war nicht die geringste Spur der verbrannten Leichen mehr zu finden.«

Nach Württembergische Volksbücher und
Ottmar Schönhuth: Die Burgen, Klöster, Kirchen und Kapellen Württembergs ... Erster Band

Schloss Waldenburg liegt auf einem Bergsporn am Rand der gleichnamigen Stadt. Die bereits seit dem 13. Jahrhundert vorhandene Burg wurde im 16. Jahrhundert zu einem Renaissanceschloss umgebaut. 1679 starb die Linie Hohenlohe-Waldenburg aus und das Schloss stand danach lange leer. Im 19. Jahrhundert entstand durch Erbteilung eine neue Linie Hohenlohe-Waldenburg, die das Schloss im 19. Jahrhundert renovieren ließ. 1945 wurde es weitgehend zerstört, nach 1948 jedoch wieder aufgebaut. Zu dem Fest, das als ›Waldenburger Fastnacht‹ überliefert ist, hatten Graf Eberhard von Hohenlohe-Waldenburg und seine Gattin Gräfin Agathe von Tübingen eingeladen. Es ist zwar eine unschöne Begebenheit, aber ein schönes Beispiel dafür, wie aus tatsächlichen Begebenheiten sich Volkssagen herausbilden können.

Die verlorenen Akten

Auf dem Rathaus zu Crailsheim war ein Heft Schriften, wovon in einem Rechtsstreit das Wohl eines rechtschaffenen Hauses abhing, auf unerklärbare Weise abhandengekommen. Der Stadtschreiber, welchem die Sache sehr am Herzen lag, durchsuchte einmal nach dem Heft den Ratssaal bis Mitternacht. Da er es jedoch nicht auffand, rief er unwillig: »Teufel, gib die Schriften her, du hast sie doch in deinen Klauen!« Kaum hatte er diese Worte ausgestoßen, so fiel das Heft von oben herab vor seine Füße nieder. Zugleich sprangen die Türflügel auf, der Teufel und hinter ihm die Weiber der zwölf Ratsherren fuhren auf gläsernen Ofengabeln mit Gebraus zum Saal herein und zur anderen Türe wieder hinaus. Vor Schrecken fiel der Stadtschreiber in Ohnmacht, wurde aber von dem Ratsdiener und dessen Frau, welche im untern Stock seinen Fall gehört hatten und heraufgeeilt waren, bald wieder zu sich gebracht. Am andern Tag übergab er die Schriften dem Rate; jedoch ohne die Art ihrer Erlangung und das weiter dabei Geschehene zur Anzeige zu bringen.

Nach Baader: Volkssagen aus dem Lande Baden …

Was für eine skurrile Geschichte. Verraten hat der Stadtschreiber sie aber dennoch, denn sonst wäre sie ja nicht auf uns überkommen. Oder hat der Teufel vielleicht dabei auch seine Hand im Spiel? Immerhin zeigt die Sage, wie sehr der Hexenglaube in der frühen Neuzeit verbreitet war und welch merkwürdige Ausprägungen er hatte.

Der Teufel und der Salzsieder

Während in Hall ein Salzsieder bei der Nacht an der Arbeit war, erschien ihm der Teufel, steckte seine gewaltig lange Nase durch einen Wandspalt in den Siederaum des Halhauses und sagte: »Ist das nicht eine Nase?« Der Sieder, darauf nicht faul, füllt sogleich ein Gefäß mit siedendem Wasser, schüttet dies dem Teufel auf die Nase und sagt: »Ist das nicht ein Guss?« Worauf der Teufel den Salzsieder packte und ihn über den Kocher hinüber auf den Gänsberg warf, dabei die Worte sagend: »Ist das nicht ein Wurf?« Das alte Halles oder Siedhaus, in welchem dieses geschehen, hieß daher bis auf die neueste Zeit das »Geisterhalles«.

Nach Württembergische Volksbücher

Wie schon im Kapitel zuvor erläutert, wurde bereits in keltischer Zeit im Gebiet des heutigen Schwäbisch Hall Salz durch Sieden gewonnen. Danach verfiel die Salzsiederei und ist erst seit dem Mittelalter wieder belegt. Einer alten Sage nach soll ein Graf aus Westheim (heute zur Gemeinde Rosengarten gehörend) um 800 bei der Jagd diese Solequelle wiederentdeckt haben. Sie wird heute noch genutzt, aber nur für medizinische Zwecke und für das Solebad. Da beim Salzsieden ständig heißes Wasser zur Verfügung steht, ist verständlich, dass der Sieder schnell reagieren konnte, als der Teufel seine Nase zu ihm hineinsteckte.

Die Sage von der Zwölfeglocke

Vor mehr als hundert Jahren wohnte ein altes Fräulein, die Schwester des Gutsherrn, der in auswärtigen Diensten stand, im Schloss zu Buchenbach. Da sich diese adelige Dame oft sehr einsam und allein im Schloss fühlte, suchte sie öfters Gesellschaft von auswärts beizuziehen, und vertrieb sich häufig durch Spiel die Zeit. So kam es, dass der Schulmeister des Orts im Schloss gut bekannt wurde. Er war ein guter Kartenspieler und für die alte Dame bald ein gern gesehener Gesellschafter.

Mehrfach soll der Schulmeister sich allerdings bei dem adeligen Fräulein über das viele Läuten, das ihm so viele Mühe und Arbeit verursache, beklagt haben. Da seien einmal die Morgenglocke, dann die Schulglocke und die Mittagsglocke, dazu noch die Zwölfeglocke, die Vesperglocke und schließlich die Abendglocke zu läuten. Er fühle sich deshalb als ein wahrer Sklave.

Eines Tags hatte der Schulmeister viel Glück im Spiel, so dass er dem Fräulein ihren ganzen Geldvorrat abgewonnen hatte. Das Spiel war zu Ende und die alte Dame sehr übler Laune über ihr Missgeschick. Als die alte Dame nun so in ihrem Missmut dasaß, kam ihr auf einmal ein besonderer Gedanke. »Schulmeister«, sprach sie, »Ihr habt Euch schon oft beklagt über das viele Läuten. Ich will Euch von einer Glocke befreien. Setzt Ihr das gewonnene Geld gegen die Zwölfeglocke?«

Mit Vergnügen willigte der Schulmeister ein, gewann erneut, und war das Läuten der Zwölfeglocke los. Es soll zwar in der Pfarrei großes Aufsehen erregt haben, als die Zwölfeglocke nimmer geläutet wurde; allein da der Bruder des Fräuleins Souverän des Ortes war, und dieselbe in seiner Abwesenheit die Zügel der Regierung in ihrer Hand hatte, so blieb es dabei: Das Läuten der Zwölfeglocke unterblieb.

Etwa dreißig Jahre später, nachdem die Dame gestorben war und auch der Schulmeister nicht mehr am Leben, soll es den Kirchenvorstehern eingefallen sein, die Zwölfeglocke wieder einzuführen. Der neue Schulmeister habe sich dazu verstanden, diese fernerhin wieder zu läuten. Aber, siehe da! Als der Schulmeister das erste Mal die Zwölfeglocke zu läuten begann, öffnete sich ein Fensterlein oberhalb des Altars, neben dem freiherrlichen Kirchenstuhl, und die alte verstorbene Dame winkte mit ängstlicher Gebärde aufzuhören. Der Mesner ließ schnell das Seil fahren und war noch schneller aus der Kirche geflüchtet, als sich das Fenster wieder schließen konnte. Ein späterer Versuch, die Zwölfeglocke wieder einzuführen, lief nicht glücklicher ab. Hierauf wurde das Fensterlein zugemauert, das Zwölfeläuten aber unterblieb seit jener Zeit.

Erst im Jahr 1826 wurde der Wunsch in der Gemeinde rege, es möchte die Zwölfeglocke wieder eingeführt werden. Als nämlich im Herbst desselben Jahres die größte der drei Glocken zu Buchenbach umgegossen wurde und der Guss gelungen war, da freute sich Alt und Jung an den langvermissten lieblichen Klängen. Es wurde von allen

Seiten der Vorschlag gemacht, man sollte die Zwölfeglocke wieder einführen, da sie überall in der Nachbarschaft geläutet wurde und doch zu manchen andächtigen Gebeten Anlass gebe. Der in jenem Jahr zu Buchenbach angestellte Schulmeister erklärte sich bereit, die Zwölfeglocke wieder zu läuten, aber in Anbetracht der Last, die ihn und seine Nachfolger jährlich 365 Mal träfe, verlangte er einen Scheffel Dinkel Besoldungsaufbesserung. Dem Stiftungsrat zu Buchenbach war der Klang der Zwölfeglocke aber keinen Scheffel Dinkel wert und ging nicht auf die Sache ein. So blieb die Neugierde der Ortsbewohner sowie der ganzen Umgegend ungestillt, denn jeder wollte sehen, was das alte Fräulein dazu sagen würde, wenn die Zwölfeglocke nach langer Zeit wieder einmal klänge. – Jetzt heißt es und wohl auf immer: requiescat in pace – Ruhe in Frieden!

Nach Ottmar Schönhut: Die Burgen, Klöster, Kirchen und Kapellen Württembergs

Bei Schloss Buchenbach handelt es sich um eine Hangburg auf einem Hang über Buchenbuch, heute Ortsteil von Mulfingen. Sie stammt aus dem 11. Jahrhundert und wurde im 15. Jahrhundert zu der Form verändert, die heute noch zu sehen ist. Sigrud Freiher von Stetten – man vermutet eine Stammesgleichheit der Familie von Buchenbach mit den Herren von Stetten – verkaufte die Burg 1974 an den Freiherrn Treusch von Buttlar-Brandenfells, der sie restaurieren ließ und 1981 an einen Stuttgarter Kaufmann weiterveräußerte.

Der Kobold

Zu Beginn des 18. Jahrhunderts ersteigerte ein Bauer aus Baumerlenbach zu Neustadt an der Linde eine verschlossene Bequemlade, deren Schlüssel verlegt sein sollte. Nachdem er sie zu seinem Haus gefahren hatte, stellte er beim Abladen fest, dass sie sehr schwer war. In der Freude, eine volle Kommode statt einer leeren gekauft zu haben, ließ er dieselbe sogleich durch den Schlosser öffnen. Da hüpfte ein kleines schwarzes Männlein heraus und entwischte hinter den Ofen. Alle Bemühungen, es zu vertreiben, waren vergebens; denn, weil es in das Haus getragen wurde, kann es niemand mehr hinausbringen.

Gegenwärtig ist es mit den Hausangehörigen so vertraut, dass es sich ihnen zuweilen zeigt, niemals aber Fremden. An den Winterabenden, wenn die Leute beisammen in der Stube sitzen, pflegt es den Deckel des eisernen Hafens auf dem Ofen aufzuheben und wieder fallen zu lassen, auch wohl auf die Leute mit warmem Wasser aus dem Hafen zu spritzen.

Nach Bader: Volkssagen aus dem Lande Baden ...

Kobolde sind Hausgeister, die Häuser schützen, deren Bewohner aber auch gerne necken, ohne größeren Schaden anzurichten. Mythologisch gehören sie zu den Alben (Elben, Elfen). Kobolde haben es inzwischen zu literarischen Ehren gebracht, nicht zuletzt über die Harry-Potter-Romane, aber sie sind auch zahlreich in den europäischen Sagen vorhanden, natürlich auch im Raum Hohenlohe. Baumerlenbach ist ein Dorf, das zur Stadt Öhringen gehört und in etwa in der Mitte zwischen Neuenstadt am Kocher und Öhringen liegt.

Der Straußenkrieg zu Hall

Am 24. Mai des Jahres 1515 saßen die »Ehrbaren« in ihrer Trinkstube im »Turm der sieben Burgen« am Markt und ließen den Becher kreisen. Zu gleicher Zeit hielt vor dem Haus des Salzsieders Henneberg der Salzfuhrmann Hans Strauß von Neuenstein mit seinem Wagen, den er mit Salz beladen hatte. Über den Preis des Salzes kamen die beiden Männer in Streit. Der derbe Neuensteiner geriet dermaßen in Wut, dass er den Salzsieder mit dem Peitschenstiel übel zusetzte und, da andere Salzsieder hinzuliefen, rasch sein Pferd ausspannte, sich auf dessen Rücken schwang und zum Eichtor hinausritt. Draußen im Wald hatte er eine Büchse versteckt, denn er war ein Wilderer. Er holte die Büchse, setzte sich in Weiler in eine Schenke und schrieb am Wirtstisch mit viel Mühe einen Fehdebrief an die Stadt Hall. Der lautete: »Ich, Hanz Strauß von Neustei tu Kunth zu Wisen jeterman, daß Hall absaag und feind auf Tod. Anno Domini 1515 am auffar Himmelfahrtabend. ††† ...«

Dieser Absagebrief, eine Kriegserklärung in aller Form, heftete er noch am gleichen Abend an das Weiler Tor von Hall. Mit seiner Büchse ritt er dem zu Hall gehörenden Dorf Heimbach zu. Am Waldrand begegnete ihm ein Bauer des Dorfes, den er ohne weiteres erschoss. Dann schlüpfte er in eine Scheune und zündete sie an, wie auch das Haus daneben. Dem Besitzer, der entsetzt aus seiner Kammer kam, jagte er eine Kugel durch den Leib. Danach schwang er sich auf seinen Braunen und macht sich davon. Grässlich loderten die Flammen zum Himmel. In Hall läuteten sie Sturm. Die Leichen der beiden erschossenen Bauern wurden herbeigetragen, und mit Entsetzen hörten die Städter, dass der Strauß von Neuenstein der Stadt Hall den Krieg erklärt, die beiden Männer ermordet und den Brand in Heimbach gelegt hatte. Sofort versammelte sich die Streit- und Löschmannschaft, doch sie konnten in Heimbach nichts mehr retten. Beide Häuser lagen in Schutt und Asche. Der Räuber war entflohen.

Am andern Tage versammelte sich der Rat der Stadt. Es wurde beschlossen, Kundschafter auszusenden. Die städtischen Truppen sollten auf den Mordbrenner Jagd machen. Die Obrigkeit ließ eine Bekanntmachung ergehen, dass der Räuber sein Leben verwirkt habe und im Ergreifungsfall auf offenem Markte zu vierteilen sei. Auf den Kopf des Hans Strauß setzte der ehrbare Rat eine Belohnung von 200 Gulden aus. Indessen hatte sich der Mörder ruhig nach Hause begeben und rühmte sich allenthalben dessen, dass er mit den Hallern in offenem Krieg lebe. Er trieb seinen Salzhandel nach wie vor und verstand es, überall, wo er hinkam, verworfene Gesellen und schlimme Burschen für sich zu gewinnen. Die Grafen von Hohenlohe sahen es gar nicht ungern, wenn die Haller bedrängt wurden, denn sie hatten seit langem einen Zorn auf die stolze Reichsstadt. Der Graf von Waldenburg ließ sofort die Erklärung ergehen: »Die Truppen der Stadt dürfen das Gebiet der Hohenloher nicht betreten.« Damit taten sie dem Strauß einen großen Gefallen.

In acht Abteilungen rückte die hallische Kriegsmannschaft in die sechs hällischen Landämter auf die »Straußenjagd«. Aber auch Strauß hatte ein Häuflein Leute um sich gesammelt und mit Musketen, Spießen und Harnischen bewaffnet. Das waren der Blitzbalthes, der Hans Ottenwälder, der Bechlender, den die Haller auf der Henkersbrücke mit einem »D« auf der Stirn gebrannt hatten. Mit diesen fiel er bei Nacht in Ziegelbronn ein und legte sieben Häuser in Asche. In Hall stieg der Unmut aufs

Höchste. Ein regelrechter Kriegszug gegen den Neuensteiner wurde unternommen. An der hohenlohischen Grenze bei Waldenburg wehrte ihnen ein Streithaufen des Grafen den Weitermarsch. Die Haller mussten unverrichteter Sache wieder umkehren. Da schwoll dem Strauß der Kamm immer mehr. Sein Anhang wuchs von Tag zu Tag. Die Haller sollten wieder von ihm zu hören bekommen. In dunkler Nacht überfiel er das Dorf Orlach, wo elf Gebäude in Flammen aufgingen.

Im Herbst zog er eines Tages mit seinem Salzkarren von Grünbühl nach Hohebuch. Da begegnete ihm im Walde ein junger Mensch, ein Sporerlehrling, der Sohn einer Schuhmacherswitwe aus Hall. Strauß hielt ihn an, zerrte ihn in das Holz und wollte ihn ermorden. Der Bursche flehte kläglich um sein Leben. Was tut der Unmensch? Mit einem Beil hieb er dem armen Jungen die linke Hand ab und hing sie an einer Schnur ihm um den Hals. So grässlich verstümmelt schickte er ihn nach Hall zurück.

Bald darauf überfiel er bei Belzhaag den Heilbronner Frachtfuhrmann, als er wertvolle Güter nach Hall lieferte. Da erneuerten sie in Hall den Steckbrief gegen ihn und seine Spießgesellen.

Daraufhin stieg der Junker Volck von Roßdorf zu Pferd und ritt mit seinem wohlbewaffneten Diener auf die »Straußenjagd«. Der Neuensteiner hatte einen Streifzug auf Belthersrot unternommen, um dort einen reichen Bauern zu brandschatzen. Der Überfall gelang. Aber in dem Augenblick, als die Räuber ihr Opfer unter den Händen hatten, erschien auf die Hilferufe des Beraubten der Ritter mit seinem Knecht. Der Räuber flüchtete. Der Ritter verlegte ihm den Weg. Sie fochten miteinander. In dem Getümmel wurde der Knecht schwer verwundet und des Ritters Pferd von Strauß niedergestochen. Der Edle geriet in die Gefangenschaft der Räuber, die ihn fesselten. Da ertönte der Ruf: »Die Haller kommen!« Wie ein Donnerwetter waren die Schnapphähne auf ihren Pferden und ritten in sausendem Galopp davon.

Zwölf Haller Reiter setzen ihnen stürmisch nach und waren ihnen dicht auf den Fersen. Da entkamen sie in letzter Minute auf hohenlohisches Jagdgebiet und das Tor flog den Verfolgern vor der Nase zu. Bald darauf brannte es in einer Nacht in fünf Haller Dörfern, und es gingen dabei vierzehn Gebäude in Flammen auf. Die Feuer- und Sturmglocken tönten die ganze Nacht in Hall.

Nun ließ der schlaue Räuber einen kleinen Stillstand eintreten und ging wieder wie ehemals mit seinem Salzkarren hausieren, aber nicht ohne die Vorsicht, seine Büchse, ein scharfes Beil und ein großes Metzgermesser mitzunehmen. Im Februar war er in Öhringen und trank in der »Glocke« sein Schöppchen. Dort traf er den Peter Metzer von Geislingen bei Hall, unterhielten sich mit ihm und erklärt ihm offen, dass sie, wenn sie sich im hällischen Gebiet wiedertreffen würden, Feinde wären, denn er sei der Salzhändler Strauß aus Neuenstein. Auf dem Heimweg, als Metzer im dichten Wald über Neuenstein nach Hall fuhr, sprang Strauß mit der gespannten Büchse aus dem Busch, um ihn zu berauben. Aber in Metzers Wagen unter der Plane lagen drei Haller Söldner, die er unterwegs aufgenommen hatte. Wie der Wind fuhren sie auf den Räuber los. Aber schneller als sie war der Bösewicht im Busch verschwunden.

Am 24. Februar 1515 fiel er mit einer Schar von zwölf seiner Helfershelfer in Buch, nahe Crailsheim, ein, brannte eine Scheuer nieder und plünderte ein Wohnhaus. Dem Besitzer des Hauses, ein Bauer, der sich rasch auf sein Pferd schwang, um von Kirchberg Hilfe zu holen, ritt er nach, holte ihn ein und stach ihm den Spieß ins Bein, das er vom Gaul stürzte. Er hätte ihn getötet, wenn nicht andere Bauern gekommen wären und den Strauß vertrieben hätten.

Ein anderes Mal überfielen zwei seiner Spießgesellen den Fuhrmann, der Waren von Nürnberg nach Hall führte, schlugen ihn halb tot und schafften die Fuhre fort. Die kostbaren Pelze, die geladen waren, brachten sie den Herren von Rosenberg auf Boxberg, die Liebhaber dafür waren und bald darauf sogar selbst mithalfen, als die Strauchdiebe einen Haller Wagen mit Tuch nach Würzburg abfingen. Da wurde den Hallern verraten, Strauß weile eben in Orendelhall. Rasch zog eine Schar aus, ihn zu überfallen. Und beinahe fingen sie den schlimmen Vogel. Aber es gelang Strauß, zum Küchenfenster hinauszuspringen und zu entkommen. Sein Harnisch und sein Schlachtross blieben in den Händen der Haller.

Nach Dünsbach, wo wohlhabende hällische Bauern wohnten, unternahm Strauß im Oktober 1515 einen Streifzug, stahl einem Bauer seine drei Pferde aus dem Stall und führte dessen Sohn gefangen mit sich fort. Er überlieferte ihn den »edlen« Junkern von Boxberg und zog Neuenstein zu. Der Gefangene entfloh und verkündigte, wo die Räuberbande sich aufhielt. Bei Brechbach lauerten die Haller ihnen auf. Strauß hatte

Kundschaft hiervon, ließ die Haller bei Brechbach wachen, überfiel Kupfer und zündete das Dorf an vier Ecken an. Wie die Übrigshauser Sturm läuteten, rückten die Haller an. Strauß entkam mit einem Streifschuss im Bein abermals, aber zwei seiner Spießgesellen fielen in ihre Hände und wurden nach Hall geführt. Dort ließ man sie von vier Ochsen in Stücke zerreißen.

Kaum war das Bein des Räubers wieder genesen, so hielt er's nimmer in Neuenstein aus. Mit zwei Genossen kam er in Westernbach zusammen. Da erfuhr er, dass der Adlerwirt den Hallern Kaufmannsgüter zugeführt hatte. Dafür sollte er 5 Gulden Brandschätzung leisten, die am 15. Dezember in Brettach bezahlt werden sollten, wenn nicht am folgenden Tag sein Gasthof in Flammen aufgehen sollte. Der Mann versprach, die 5 Gulden in Brettach zu zahlen, machte aber den Hallern Meldung von der Sache. Am 15. Dezember war Strauß in Brettach, das Geld in Empfang zu nehmen. Der Adlerwirt brauchte recht lange, bis er das Geld – lauter Kreuzer – auf den Tisch zählte, und schielte dabei immer zum Fenster hinaus. Auf einmal ertönt der Ruf: »Die Haller kommen!« Strauß griff eilends zum Schwert und wollte entfliehen. Aber diesmal hatte sein Stündchen geschlagen. Drei Haller überwältigten ihn, verwundeten ihn durch Hieb und Stich, fesselten ihn mit Ketten und führten ihn nach Neuenstadt ins Württembergische. Die Stadt Hall ersuchte das württembergische Gericht, ihr den Strauß auszuliefern, damit er nach Recht und Gerechtigkeit gerichtet und gevierteilt würde. Aber die württembergische Regierung ging nicht darauf ein. Am 21. Dezember wurde der Bösewicht in Neuenstadt zum Tode durch des Henkers Beil verurteilt und zwei Tage vor Weihnachten hingerichtet und sein Leichnam unter dem Galgen begraben. So nahm der Straußenkrieg ein Ende, nachdem dieser Neuensteiner Bauer fast drei Jahre lang einer mächtigen Stadt getrotzt und der Schrecken einer ganzen Landschaft gewesen war.

Nach Württembergische Volksbücher und
Ottmar Schönhut: Chronica Zeit und Jahrbuch von der Statt Hall, 1855

In älteren Dokumenten heißt die Stadt nur ›Hall‹, womit auf die Salzgewinnung hingewiesen wird. Sie gehörte zum Herzogtum Franken. Erst 1442 widmet der Rat der Stadt den Namen in Schwäbisch Hall um. Der Hintergrund war ein langer Streit mit dem Landgericht Würzburg. Durch diese formale Anbindung an Schwaben wollte man sich außerhalb der

Zuständigkeit der Würzburger stellen. Die Stadt schloss sich 1495 dem Schwäbischen Reichskreis an. 1802 ging die Stadt an Württemberg und das ›Schwäbisch‹ wurde wieder gestrichen, bis es 1934 erneut dem Stadtnamen hinzugefügt wurde. Durch die Salzgewinnung erlangte die Stadt im Mittelalter und der frühen Neuzeit einige Bedeutung. Erst im 19. Jahrhundert ließ diese Bedeutung nach und 1924 wurde der Salinenbetrieb geschlossen. Die Räubergeschichte um den Salzhändler »Strauß« zeigt auch den Konflikt, der zwischen den freien Städten und dem Adel herrschte. Selbst kriminelle Gestalten, wie dieser Raubmörder wurden unterstützt, um der Stadt zu schaden. Der in der Sage genannte Ritter aus Boxberg, Albrecht von Rosenberg und sein Kumpan Hans Thomas von Absberg waren selbst Raubritter, die Kaufleute überfielen und sich mit dem schwäbischen Bund anlegten. 1523 schließlich ließ dieser jedoch mehrere ›Raubnester‹ ausheben, darunter auch die Burg Boxberg.

Das Villinger Talfräule

Zwischen Mergentheim und Wachbach liegt das Villinger Tal. Da geht ein Fräulein um, das sogenannte »Villingertalfräule« oder »Fräle«. Sie sei eine Gräfin von Wachbach gewesen, erzählt man, wo später die von Adelsheim gelebt haben sollen. Dieses »Edelfräulein« sei so unbarmherzig, so geizig, so Menschen quälend gewesen, wie niemand sonst auf der Welt. Sie habe prächtige Pferde gehabt und ließ sie tagtäglich mit Wein waschen, wogegen die Dienstboten keinen Tropfen abbekamen. Armen Leuten verkaufte sie für Geld stark gewässerte Milch und habe immer gesagt: »Drei Schoppen Milch, ein Schoppen Wasser, gibt auch eine Maaß.« Auch arg grausam war das »Fräle«. Mal fuhr sie durch das Tal auf ihrem Schlitten, da lag ein Mann gerade im Weg. Der Knecht hielt die Pferde an. Seine Herrin rief ihm aber zu: »Fahr‘ zu, fahr‘ zu!« Es war ihr um die schönen Pferde, nicht um den Menschen zu tun. Der Mann wurde überfahren und starb. Seit die Gräfin gestorben war, muss sie umgehen. Man hört sie nächtlicherweile oft rufen: »Fahr‘ fort, fahr‘ fort!« Sie hat auch Freude daran, Leute und ganze Fuhrwerke in den Villingertälisbach zu führen, damit sie ertrinken; dort ist ein tiefer Gumpen. Sie kommt als steinaltes Weiblein in altmodischer Kleidung, ist von mittlerer Größe, redet nie, wenn man ihr begegnet. Im Villinger Talwald neckt sie auch die Leute und führt sie irre und trägt Holzbündel davon.

Nach Birlinger/Buck: Sagen, Märchen, Volksaberglauben ...

Das in der Sage genannte Villinger Tal ist heute das Willinger Tal. Es liegt zwischen Bad Mergentheim und Wachbach und wird vom gleichnamigen Bach durchflossen. Die Herren von Hohenlohe errichteten Ende des 12. oder Anfang des 13. Jahrhunderts dort eine Burg, die inzwischen abgegangen ist. Die Familie Rüdt von Collenburg besaß sie zu Beginn des 16. Jahrhunderts. Im Jahr 1523 zerstörte der Schwäbische Bund diese Burg, da der damalige Besitzer sich als Unterstützer des Raubritters Hans Thomas von Absberg betätigte. Die Burg wurde nie wieder aufgebaut. Wer diese Gräfin war, die noch umgehen soll, ist nicht genau zu ermitteln. Das später welche von Adelsheim dort lebten, kann nicht sein, weil die Burg zerstört war. Allerdings starb ein Hans Rüdt im Jahr 1644 bei einem Besuch in Adelsheim. Möglich, dass dies in die Sage mit eingeflossen ist. Das jemand und sogar ganze Fuhrwerke in diesem schmalen Fluss, der dazu noch »Bach« im Namen trägt, ertrunken seien, ist allerdings schwer vorstellbar.

Sitten und Bräuche in Hohenlohe

Sitten sind Verhaltensnormen, die in Gruppen und Gemeinschaften festgelegt werden und meist als moralische Werte und Regeln verstanden werden. Bräuche hingegen wiederkehrende soziale Handlungen, nicht selten in ritueller Form, innerhalb von Gemeinschaften. Solche Sitten und Bräuche spiegeln sich auch in Sagen und mündlichen Erzählungen wider. Oftmals spielt auch Aberglaube hinein. Die folgenden Texte dienen als Beispiele und nicht als geschlossene Beschreibung des Brauchtums in Hohenlohe.

Klopfnächte

In Ellwangen, Bühlerthann und auch anderswo heißen die drei Knöpflinsnächte »Anklopfet«. In anderen Orten, so in Hohenstaufen, heißen sie auch »Einreiche«, indem arme Kinder Gaben einsammeln.

In Bühlerthann singen sie dabei:

Anklopfet, hämmerle,
s Brod liegt im Kämmerle,
Äpfel raus, Bire raus,
Oder i geh Inn anders Haus.

Die Rosen, die Rosen,
Die wachsen an einm Stengel:
Der Herr ist schön, der Herr ist schön,
Die Frau ist wie ein Engel.

Vor einem Schneiderhause singen sie aber jedes Mal:

Anklopfet, heilige Nacht,
Gais hat den Schneider jagt,
Gais hat si rum dreht,
Schneider hat ihrs Loch zunäht.

Weitere überlieferte Sprüche aus dem Hohenlohischen sind:

Klopfa, kopfa Hämmerle,
s Brod liegt im Kämmerle,
s Meßer liegt derneba,
Solst mir ebbes geba;

Äpfel raus, Bira raus!
Oder i schlag a Loch ins Haus.

Die Rose, die Rose
Die wachsen ufem Stock;
Der Herr ist schön, der Herr ist schön,
Die Frau ist wie a Dod' (Puppe).

I wünsch em Herra en goldene Tisch,
Auf jedes Eck drei backene Fisch,
Und mitta drei nein
A rothe Maas Wein,
Na kann der Herr mit der Frau recht lustig sein.

Jetzt sing i um a Äpfele,
Jetzt sing i um a Nuß;
Der Pfarrer gibt der Pfarrere
En rechta schöna Kuß.

Klopfa, klopfa König,
Gebt mer net so wenig!
Laßt mi net so lang do stehe,
I muß heut no weiter gehe.

Nach Meier: Deutsche Sagen, Sitten und Gebräuche ...

Bühlertann ist eine Gemeinde im Landkreis Schwäbisch Hall. Sie liegt aber schon nicht mehr im fränkischen Sprachgebiet, sondern im schwäbischen. Vermutlich werden deshalb hier die Klopfnächte ›Knöpflinsnächte‹ genannt. Die Sitte, an den drei letzten Donnerstagen vor Weihnachten durch die Straßen zu ziehen, an Türen zu klopfen und um Gaben zu bitten, war in Süddeutschland weit verbreitet. Unumstritten war dieser Brauch aber nicht. 1685 wurde er in Hall verboten – jedoch ohne große Auswirkungen.

Heiligkeit der Feiertage

Am Tage vor Jakobi wurde einst im Jagstgrund Heu gemacht. Abends, beim Einläuten des Feiertags, hörten die Leute auf zu arbeiten. Nur ein Mann schaffte eifrig fort, und als ihn die andern, besonders sein Knecht, abmahnten, erwiderte er: »Jokele hin, Jokele her, mein Heu muss heute noch heim!« Er ließ seinen Wagen weiter beladen und fuhr, nebst dem Knecht, damit fort. Doch unterwegs überfiel sie ein Gewitter mit einem kräftigen Wolkenbruch, bei dem der Mann mit Vieh und Wagen im Wasser zu Grunde ging. Dem Knecht gelang es, eine Anhöhe zu gewinnen und so sein Leben zu retten. Seitdem lässt sich jährlich am Jakobi-Vorabend auf dem Platz, wo der Mann ertrunken, ein Rauschen hören, wie von Wasser, worin jemand mit einem bespannten Wagen sich durchzuarbeiten strebt.

Nach Baader: Volkssagen aus dem Lande Baden …

Jakobus der Ältere zählt zu den zwölf Aposteln und gilt als einer der bekanntesten Heiligen weltweit. Seine Historizität ist umstritten, tut aber seiner Verehrung keinen Abbruch. Sowohl für die evangelische als auch die katholische Kirche ist der 25. Juli sein Gedenktag. Im Mittelalter und auch noch später wurde an diesem Tag in vielen Gegenden Europas das Erntefest gefeiert.

Der Ritt am St. Stephanstag

Am St. Stephanstag ist im Hohenloheschen der allbekannte Ausritt ein uralter Brauch. Alle Knechte bekommen von ihren Herren Erlaubnis zum Ritt, und diese ziehen gruppenweise in die benachbarten Ortschaften, wo darauf losgezecht wird.

Nach Birlinger: Sitten und Gebräuche

Der 26. Dezember wird als Gedenktag des heiligen Stephanus, der als erster christlicher Märtyrer gilt, in evangelischen Gemeinden in Deutschland gefeiert. Seit 2012 wird in deut-

schen römisch-katholischen Diözesen der Stephanustag gefeiert, und zwar als Gebetstag für verfolgte und bedrängte Christen. Dass die hohenloheschen Knechte diesen Tag mit Saufgelagen begingen, hängt damit zusammen, dass viele Jahrhunderte früher, nachgewiesen seit der Zeit Karls des Großen, die Verehrung des Heiligen durch verschiedene Rituale begangen wurde, etwa durch das »Stephanus-Steinigen« aber auch durch Trinkrituale nach dem Kirchgang, vorbehalten allerdings den Männern.

Die Zwölften – Neujahr

Die Nachtzeit vom Christtag bis Dreikönigstag heißt man »in der Zwölft«, oder »in den zwölf Nächten.« Die Tage aber nennt man die »Lostäg«, und wird aus ihnen erschlossen, wie in den kommenden zwölf Monaten das Wetter werden wird. Man macht zu dem Zweck über der Stubentür zwölf gleich große Kreise (»Ring«) und teilt jeden durch ein Kreuz in vier Felder. Ist beispielsweise der Tag zu dem ersten Ring hell geblieben, so wird in die Felder nichts eingetragen; das bedeutet einen hellen Januar. Ist der Morgen in der Früh trüb, so wird das erste Feld schattiert; ist es der ganze Tag, alle vier Felder; denn die vier Felder entsprechen den vier Tageszeiten.

Nimmt man zu derselben Zeit zwölf Mäßchen von jeder Fruchtsorte, misst sie genau und tut dies des andern Morgens wieder, kann man sehen, je nachdem ob in einem mehr oder weniger ist, ob die Frucht das Jahr über teurer oder wohlfeiler wird. Ist von einem weniger da als am Abend, so wird gerade dies teurer und umgekehrt wohlfeiler. In den Zwölften kocht man weder Erbsen noch Linsen, weil man Eisen kriegen tät.

Nach Birlinger: Sagen, Märchen, Volksaberglauben …

In den zwölf Nächten darf nicht gesponnen werden. Es tun dies bloß Hexen.

Nach Meier: Deutsche Sagen, Sitten und Gebräuche.

Die zwölf Nächte, auch Raunächte, sind die Nächte um den Jahreswechsel, die meistens vom zweiten Weihnachtstag bis zum 6. Januar gerechnet werden. Nach den alten Bauernregeln bestimmten diese zwölf Raunächte das Wetter des kommenden Jahres. Außerdem soll die Wilde Jagd in dieser Zeit ganz besonders umgehen, das Geisterreich offenstehen und Werwölfe umgehen. Allerdings sagt man in Bühlertann: »Seit der Papst nach allen vier Weltgegenden hin seinen Segen erteilt hat, gibt es kein wildes Heer und überhaupt keine unseligen Geister mehr auf Erden; sie sind jetzt alle erlöst.« (Meier: Deutsche Sagen …) Ganz besonders sollen die Raunächte für das Wahrsagen geeignet sein, was sich bis heute noch in Form des Bleigießens zu Silvester erhalten hat. Viele Verhaltensregeln gibt es für die Raunächte, dass nicht gesponnen werden darf, ist nur eine davon. In dem ländlichen Hohenlohe gab es zahlreiche solcher Angaben und Vorschriften, wie sie hier beispielhaft aufgeführt sind.

Erntebrauch

Die »Sichelhenke« nennt man im Hohenlohe'schen, in Oberstetten »Niederfallet«. Man macht kleine Brötchen, etwa ein Drittel vom Kreuzerbrod, mitten dünn, am Rande dick und höher, recht gut gebacken. Die Ersten werden von jedem Haus dem Pfarrer und Lehrer geschickt. Diese Art Küchlein sind das Einzige und Alles, was man von Brot an demselben Tage genießt. Das Gesinde bekommt je 30-40 Stücke.

Nach Birlinger: Sitten und Gebräuche

Das Erntedankfest ist ein überregionaler, meist auch kirchlich verankerter Ritus. Aber es gab auch viele regionale Bräuche, wie den zuvor genannten aus Hohenlohe. In einer Stadtordnung wurde beispielsweise festgelegt: »Sovile aber die Sichel- oder Pflegelhenke betrifft, solle den Arbeitern, Schnittern und Dreschern neben den zweien Pflegern, so ihre Obacht haben sollen, damit es züchtig und ehrbarlich zugehe, eine ziemliche Malzeit wie bräuchig gegeben und somit alle Unordnung samt dem Auftragen und Heimschicken abgeschafft werden.«

Vom Huhnkrähen und Heiraten

Am Verlobungstag, auch schlechthin Heiratstag geheißen, kommt man im Hohenlohe'schen Niederstetten im Hause der Braut zusammen, isst und trinkt und lässt sich's wohl sein. Während alle so beisammensitzen, der Heiratsvertrag festgemacht ist, erlauben sich die ledigen Burschen den einträglichen Spaß des Huhnkrähens. Sie fangen einen Gockel oder Hahn, nehmen eine Leiter oder stellen sich unter dem Fenster auf und zwicken und drücken das arme Tier so, dass es zu schreien und zu krähen anfängt. Sobald man dieses in der Stube hört, müssen die Brautleute bezahlen. Die Burschen gehen ins Wirtshaus und vertrinken das, was sie aus den Brautleuten herausschlagen konnten, so ungefähr drei bis vier Gulden.

In Niederstetten wird die auswärtige Braut vierspännig abgeholt. Der Brautwagen kommt am Freitag vor der Hochzeit. Den Hausrat bringen vier Ochsen oder vier

Pferde. Oben auf dem Wagen steht eine Wiege mit Bettchen. Die beiden »Smëllerne«, wie die Brautjungfern heißen, sitzen auch obenauf; eine mit der Kunkel, die andere mit dem Spinnrad. Diese Sachen sind herrlich geziert, und von ihnen flattern Bänder. Die »Smëllerne« müssen Acht geben auf die Wiege, die von den Gesellen gern gestohlen wird. Abladen müssen Gesellen und Schmellerinnen zusammen. Damit die Wiege nicht gestohlen wird, sucht man sie gut zu verstecken, ja oft schafft man sie oben hinauf in die Scheuer und bindet sie an, dass sie nicht gestohlen werden kann. Nicht selten nimmt man dazu eine Kette.

Am Hochzeitstag holt der Pfarrer die Brautleute von ihrem Haus ab. Dafür bekommt er ein seidenes Tüchlein als Geschenk, das auf einem Teller in die Kirche getragen wird.

Bräute, die schon ihr Kränzlein verloren, haben gewöhnlich am Montag und Mittwoch, die andern am Dienstag Hochzeit.

Nach Birlinger: Sitten und Gebräuche

Niederstetten ist eine Stadt im Main-Tauber-Kreis, aber noch zum fränkischen Hohenlohe gehörend. Der Brauch des Huhnkrähens ist nicht nur in diesem Ort, sondern bis hin nach Eichstätt belegt.

Hochzeitssitten aus Franken

Im ehemals Würzburg'schen Bistum, im sogenannten Gäu und in einigen Orten des gegenwärtigen Bezirks Mergentheim besteht hie und da noch folgende Sitte beim Hochzeitsmahl: Dieses wird meistens im Haus der Brautleute gehalten. Die Braut sitzt in einem Winkel des Zimmers. Über ihr muss das Kruzifix hängen, woher diese Zimmerecke den Namen »Herrgotts-Winkel« hat. Neben ihr sitzen zwei Brautführer. Diese müssen die Braut beim Essen bedienen, damit keiner der Gäste ihr etwas zu essen oder zu trinken reicht. Ebenso müssen sie die Braut beschützen, damit ihr nichts entwendet wird; denn die ganze Gesellschaft geht darauf aus, entweder das Taschentuch oder ihren Blumenstrauß zu entwenden. Nicht selten arbeitet sich ein verwegener Bursch unter der Tafel durch bis zur Braut, um ihr unter dem Tische unbemerkt einen Schuh zu stehlen. Lassen die Brautführerinnen solchen Diebstahl durch Mangel an Aufmerksamkeit zu, so werden sie von der ganzen Gesellschaft ausgelacht.

Nach dem Abendläuten (Angelus) kommen dann sämtliche Jungfrauen des Ortes, um der Braut die Abschieds- und Glückwunschlieder zu singen. Dieses Singen nennt man »Pfeffersingen«. Dafür erhalten die Jungfrauen meistens eine Kanne Wein, den sie dann in einem Wirtshaus unter Gesang und Scherz trinken.

Heiratet eine Wittfrau, so singen, so viel mir bekannt ist, die Frauen; heiratet aber eine Gefallene (deflorata), so wird, glaub' ich, gar nicht gesungen.

Nach Birlinger: Sitten und Gebräuche

Hochzeitsbräuche gibt es viele und manche – etwa das Stehlen des Brautschuhs und die Brautentführung – sind weit verbreitet. In Hohenlohe ist noch die Sitte des Kränzlestehlens bekannt.

Quellen

Bernhard Baader
Volkssagen aus dem Lande Baden und den angrenzenden Gebieten
Karlsruhe, 1851

Ludwig Bechstein
Deutsches Sagenbuch
Leipzig, 1853

Anton Birlinger/Michael Richard Buck
Sagen, Märchen und Aberglauben
Freiburg, 1861

Anton Birlinger
Volksthümliches aus Schwaben, Zweiter Band – Sitten und Gebräuche
Freiburg 1862

Johann Herolt
Chronica Zeit und Jahrbuch der statt hall, Hrsg. Ottmar Schönhuth
Schwäbisch Hall, 1855.

Ernst Meier
Deutsche Sagen, Sitten und Gebräuche aus Schwaben
Stuttgart, 1852

Ottmar Schönhuth
Die Burgen, Klöster, Kirchen und Kapellen Württembergs und der Preußisch-hohenzollern'schen Landestheile mit ihren Geschichten Sagen und Mährchen, Band Vier
Stuttgart, 1860

Ottmar Schönhuth
Die Burgen Klöster, Kirchen und Kapellen Badens und der Pfalz
Stuttgart, 1865

Ottmar Schönhuth
Sagen und Geschichten aus Hohenlohe
Oehringen-Mergentheim, 1857

Ottmar Schönhuth
Sagen und Geschichten von der Stammburg Wirtemberg, dem Kloster Hirsan, der St. Johanniskirche zu Gmünd. Von Hohen-Rechberg, Hohen-Neufen, dem Michelsberg u.s.w. u.s.w.
Stuttgart, 1859

Ludwig Uhland
Gedichte, 8. Auflage
Stuttgart 1861

Karl Weller
Geschichte des Hauses Hohenlohe
Stuttgart, 1803

Württembergische Volksbücher
Stuttgart, o.J.

Wilhelm Zimmermann
Die Geschichte Würtembergs nach seinen Sagen und Thaten dargestellt
Stuttgart, 1836

Glossar

Allodialgut

Das Privatvermögen einer fürstlichen Familie.

Bequemlade

Eindeutschung des französischen Wortes für Kommode.

Brünne

Als Brünnen (auch Brunnika, Panzerhemd und Haubert) werden verschiedene mittelalterliche Körperpanzerungen bezeichnet. Eine Sonderform der Brünne war die Helmbrünne, die besonders im Spätmittelalter den gefährdeten Kopf-, Hals- und Schulterbereich der Krieger schützen sollte.

Cacodaemon

Stammt vom altgriechischen kadodaimōn (κακοδαίμων) ab und bedeutet böser Geist. Ein daimōn wäre ein neutraler Geist.

Confirmation

Gemeint ist in den geschilderten Zusammenhängen nicht das feierliche öffentliche Glaubensbekenntnis der evangelischen Kirchen (u.a.), sondern analog des lateinischen Begriffes ›confirmatio‹ eine Bestätigung oder Bekräftigung einer höher gestellten Person, zum Beispiel des Papstes.

Exequien

Kirchliche Begräbnisfeier, die liturgische Feier der Verabschiedung und Bestattung eines römisch-katholischen Christen.

Fürbug

Der Fürbug ist ein Rüstungsteil des Rossharnisches, das die Brust des Pferdes schützt.

Gerechtsame

Eine veraltete Bezeichnung für eine Berechtigung, ein Nutzungsrecht, Privileg oder Vorrecht an etwas. Dieser Begriff wurde bis ins 19. Jahrhundert in diesem Sinn verwendet.

Großkeller

Oberkellermeister und Verwalter eines Klosters.

Hafen

Ein Hafen ist nicht nur eine Schiffsanlegestelle, sondern auch eine andere Bezeichnung für einen Kochtopf, Kindertopf oder Nachttopf.

Halsgraben

Ein künstlich angelegter Graben, der eine Burganlage nicht vollständig umschließt.

Hangburg

Liegt am Hang eines Berges unterhalb des Gipfels. Dieser Bautyp ist seit dem 11. Jahrhundert bekannt.

Heilsbronn

fränkisch umgangssprachlich: Glosta, ist eine Stadt im mittelfränkischen Landkreis Ansbach. Sie liegt zwischen Nürnberg und Ansbach im geografischen Zentrum Mittelfrankens in der Metropolregion Nürnberg.

Klostervogtei

Im Mittelalter waren Kirchen und Klöster auf bewaffneten Schutz angewiesen. Da den Geistlichen die Gewaltausübung untersagt war, fiel dem Adel diese Schutzfunktion zu. Zunächst wurden adelige Laien als Vögte eingesetzt. Etwa ab Mitte des 9. Jahrhunderts wurden die Vogteien erblich. Da damit auch eine starke Machtstellung verbunden war, versuchte man diese Bindung an die Vögte wieder zu lösen, was erst ab dem 13. Jahrhundert den Bischöfen gelang.

Konvent

Mitglieder eines Klosters. Bezeichnet wird damit aber auch der Wohnbereich des Klosters und manchmal das Kloster als Ganzes.

Kunkel

Kunkel ist die alte Bezeichnung für den Spinnrocken, ein stabförmiges Gerät, an dem beim Spinnen die noch unversponnenen Fasern befestigt werden.

Piedestal

Auch Postament, ist ein bisweilen recht aufwendig gestalteter Unterbau oder Sockel von Gebäuden, Säulen oder Plastiken wie Skulpturen und Statuen.

Plänkler

Geplänkel war eine Kampftaktik, die dem Zweck diente, den Gegner durch andauernden, wenn auch ineffektiven Beschuss aus der Ruhe zu bringen, zu beschäftigen und zu schwächen. Speziell auf das Geplänkel ausgerichtete Soldaten wurden als Plänkler bezeichnet.

Reisige

Als Reisiger, Reisige, Reißige, Reismann, Reisleute, Reisläufer oder reisiger Knecht wurden im Spätmittelalter bewaffnete Dienstleute oder berittene Begleitpersonen bezeichnet.

Schabracke

Schabracke = Satteldecke für festliche Anlässe.

Simmer, simriweise

Das Simmer (althd. *sumbir* = Korb) war ein Hohlmaß zum Messen von Getreide. Es bildete die Messgrundlag für Frucht, in Tübingen handelte man damit auch (simirweise) Taubendung.

Söller

Ein Söller oder Altan (seltener auch die Altane) ist eine offene, auf Stützen oder Mauern ruhende Plattform eines Obergeschosses eines Gebäudes.

Sporer

Ein Handwerker, der Sporen anfertigte. Die Sporer gehörten üblicherweise zu der Innung der Schmiede.

Spornburg

Eine auf einem Fels- oder Bergsporn, jedoch unterhalb der Bergkuppe liegende Gipfelburg.

Thing

Als Thing wurden Volks- und Gerichtsversammlungen nach germanischem Recht bezeichnet. Diese Versammlungen fanden immer unter freiem Himmel, meist unter einem Baum oder einem erhöhten Platz statt.

Urfehde

Die Urfehde war ein Mittel des mittelalterlichen Rechts und bedeutete den beeideten Fehdeverzicht. Der Bruch der Urfehde wurde als Meineid verfolgt und bestraft.

Werg

Niedere Faserqualität, die beim Reinigen von Bastfasern wie Leinen, Hanf oder Jute abfällt (beim Werk). Ist meistens durch Schmutz verunreinigt.

Willkomm

Alte Bezeichnung für Pokal, Trinkgefäß.

Zelter

Mit Zelter bezeichnete man im Mittelalter ein leichtes Reitpferd, das den besonders ruhigen und für den Reiter bequemen Zeltgang beherrschte. Der moderne Begriff ist Gangpferd.

Zwiesel

Eine besondere Form des Stammwuchses an Bäumen ist der umgangssprachlich genannte Zwiesel. Dabei bildet der Baum seinen Stamm aus zwei oder mehreren Trieben aus.